Wissenschaftliche Beiträge
aus dem Tectum Verlag

Reihe Religionswissenschaften

Wissenschaftliche Beiträge
aus dem Tectum Verlag

Reihe Religionswissenschaften
Band 11

Klaus Mai

Orthodox – Moderat – Säkular

Grade des Glaubens an die Existenz Gottes und deren weltanschauliche Rechtfertigung

Tectum Verlag

Klaus Mai
Orthodox – Moderat – Säkular
Grade des Glaubens an die Existenz Gottes
und deren weltanschauliche Rechtfertigung
Wissenschaftliche Beiträge aus dem Tectum Verlag
Reihe: Religionswissenschaften; Bd. 11

ISBN: 978-3-8288-4123-9
ePDF: 978-3-8288-7093-2
ePub: 978-3-8288-7094-9
ISSN: 1867-7711

Umschlaggestaltung: Tectum Verlag, unter Verwendung einer Fotografie des Gemäldes „Dio Padre benedicente“ von Luca Cambiaso aus dem Jahr 1565 | Sailko, Wikimedia Commons

Druck und Bindung: docupoint GmbH, Barleben

Printed in Germany

Besuchen Sie uns im Internet
www.tectum-verlag.de

Bibliografische Informationen der Deutschen Nationalbibliothek
Die Deutsche Nationalbibliothek verzeichnet diese Publikation in der Deutschen Nationalbibliografie; detaillierte bibliografische Angaben sind im Internet über http://dnb.d-nb.de abrufbar.

Vorwort

„Orthodox", „moderat", „säkular" – drei häufig zu hörende Begriffe, wenn es darum geht, unterschiedliche Intensitäten von Religiosität bzw. des religiösen Glaubens auszudrücken. In den Zuschreibungen „streng religiös", „gemäßigt religiös" und „areligiös" kommt noch deutlicher zum Ausdruck, dass dahinter ein Kontinuum steht, welches von „sehr stark", „gemäßigt", bis „gar nicht" reicht. Die Absicht des vorliegenden Textes ist, dieses Kontinuum in eine Skala zu übersetzen, welche Grade der Religiosität qualitativ und quantitativ abgestuft unterscheidbar macht. Dabei geht es um die folgenden drei Fragen:

1. Wie lassen sich die verschiedenen Intensitäten unterscheiden?
2. Wie werden diese Unterschiede weltanschaulich gerechtfertigt?
3. Welcher Glaubensgrad lässt sich am ehesten mit einem friedlichen Zusammenleben der Menschen in einer offenen Gesellschaft vereinbaren und welcher nicht?

Religiosität ist in erster Linie der Glaube an die Existenz Gottes. Glauben heißt „für wahr halten", d.h. der Glaube als solcher garantiert prinzipiell nicht, dass die Sache, an die ich glaube, wahr ist. Wenn ich etwas für wahr halte, aber nicht weiß, ob es auch stimmt, so ist der entsprechende Glaube gleichbedeutend mit dem Ausdruck „etwas für wahrscheinlich halten". Während der Glaube, dass etwas wahr ist, nur die Alternative zulässt, dass das Gegenteil des Geglaubten falsch ist, erlaubt der Begriff der Wahrscheinlichkeit ein Mehr oder Weniger, bzw. die Auffassung, dass es zwischen wahr und falsch unterschiedliche Grade geben kann, mit denen etwas geglaubt werden kann. Bei Entscheidungen unter Unsicherheit, d.h. wenn man nicht genau weiß, wie die Situation zu beurteilen ist, und welche Folgen bei welchen Handlungen zu erwarten sind, sind Wahrscheinlichkeiten das einzige Mittel, um die zu treffende Entscheidung zu begründen. Daher scheint auch der Begriff der Wahrscheinlichkeit für die Beurteilung der Existenz Gottes eher zu taugen als der Begriff der Wahrheit, die sowieso niemand kennt. Die Variationsbreite der Glaubensintensitäten ist somit darstellbar als Skala von Wahrscheinlichkeiten.

Für die Darstellung der Glaubensintensitäten ist im Weiteren die Unterscheidung zwischen Glauben und Wissen erforderlich. Der christliche religiöse Glauben, auf den ich mich in dieser Darstellung hauptsächlich beziehe, gründet sich im Wesentlichen auf die Offenbarung Gottes in der Bibel. Wissen bezieht sich im Unterschied dazu auf die Erfahrung des Menschen im Vollzug seiner Lebenspraxis und auf Ergebnisse philosophischer bzw. wissenschaftlicher Untersuchungen. Der Strenggläubige legitimiert sein Verhalten mit dem Willen Gottes, den ihm sein Gott über einen Priester kraft dessen theologischer Legitimation mitteilt, oder aber in Eigeninterpretation der heiligen Schriften. Der wissensorientierte Mensch dagegen legitimiert sein Handeln mit den Notwendigkeiten des Alltags. Mit dem Anwachsen des „*Know how*" von Wissenschaft und Technik schwindet bei vielen zunehmend die Überzeugung, durch Gebet und Gotteslob Katastrophen und Leid vermeiden oder zumindest abmildern zu können. Trotzdem denken nicht wenige darüber nach, ob Gott bei Problemen zugegen ist und wie er zu deren Lösung hilft. Diese Frage wird sicherlich je nach Glaubensgrad unterschiedlich beantwortet. Zwischen beiden Bereichen, also Offenbarungs- und Erfahrungswissen, klafft eine Spannung, die sich bei den Glaubenden unterschiedlich deutlich artikuliert und bei der Darstellung von Glaubensgraden berücksichtigt werden muss.

Jeder Mensch ist frei, sich seine Weltanschauung selbst nach eigener Überzeugung zu wählen und danach zu leben. Für je wahrscheinlicher ein Glaubender die Existenz Gottes hält, desto intensiver praktiziert er seine Religiosität und umgekehrt. Allerdings gibt es ein Problem, wenn eine Religion für sich allein beansprucht, die einzig wahre zu sein und dies mit missionarischem Eifer vertritt. Glaubensgewissheit darf nicht dazu führen, anderen Menschen seinen Glauben aufzwingen zu wollen oder sie auszugrenzen. Zwar muss hingenommen werden, dass Menschen für sich aufgrund ihrer Religion die Erkenntnisse der modernen Wissenschaft negieren und auf uralte Offenbarungen zurückgreifen; wenn jedoch der individuelle Glaube dazu führt, andere zu missionieren oder einen politischen Machtanspruch zu erheben, kann dies nicht akzeptiert werden. Wie die islamistischen Terrorangriffe zeigen, schreckt der durch Glaubensgewissheit „geheiligte"

Eifer bei der Durchsetzung des Glaubens auch vor Gewaltanwendung nicht zurück. Unser Stand des Wissens ist weit über die Weltsicht der Antike hinausgekommen. Dieses heute zu bestreiten ist letztendlich ein Rückfall in das magische Denken unserer Altvorderen. Um den Frieden zu erhalten, ist eine moderate Glaubens- und Weltanschauung notwendig, die anderen Auffassungen gegenüber gleichzeitig Toleranz als Prinzip akzeptiert und praktiziert. Diesem Anliegen will der folgende Text dienen.

Die Argumentation gliedert sich in vier Teile. Zuerst wird der verwendete Wahrscheinlichkeitsbegriff definiert und die Konstruktionsbedingungen der Skala werden erläutert. Im Anschluss daran werden die Glaubensgrade erörtert, die sich mit maßgeblichen theologischen und philosophischen Lehrmeinungen zur Gottesfrage verbinden und rechtfertigen lassen. Die Lehrmeinungen, die aus Schriften der Primärliteratur, aber auch aus den jeweiligen Gottesbegriff präzisierenden Untersuchungen der Sekundärliteratur entnommen werden, beziehen sich auf unterschiedliche Epochen der Geschichte der Religionskritik und der Philosophiegeschichte. Sie bestimmen einen Großteil des heutigen theologischen und philosophischen Meinungsspektrums. Die graduellen Unterschiede werden entsprechend der Annahme, dass zwischen den Glaubensgraden und der subjektiven Wahrscheinlichkeit der Existenz Gottes eine korrelative Übereinstimmung besteht, in die Skala eingeordnet. Es folgt eine Diskussion von Problemen, die eine Anwendung der Skala für die individuelle Wahl des Glaubensgrades mit sich bringt. Der dritte Abschnitt widmet sich der Frage nach der Begründbarkeit von Glaubensgewissheit, die als subjektives Gefühl zwar möglich ist, als Beweis eines außer uns existierenden Gottes aber nicht taugt. Im letzten Teil folgt eine Erörterung der Frage, ob Glaubenslosigkeit einen Absturz ins weltanschauliche Nichts mit sich bringt. In diesem Zusammenhang werden Elemente einer non-theistischen Weltanschauung genannt, die die Basis für ein friedliches Zusammenleben der Menschen bilden können.

Allen, die zum Gelingen dieses Buches direkt oder auch indirekt beigetragen haben, sei hier gedankt. Besonders gilt mein Dank meiner Ehefrau, die mich immer wieder zur Weiterarbeit ermuntert hat und mir mit Rat und Tat zur Seite stand. Es ist mir wichtig darauf hinzuweisen, dass meine Arbeit angesichts der reichhaltigen Geschichte der europäischen Religionskritik nicht als abschließender, sondern als zur Diskussion anregender Beitrag verstanden werden will.

Für meine Familie

Inhaltsverzeichnis

Zur Einführung

Nicht erst seit Nietzsches „Gott ist tot"-Erklärung (Aphorismus 125 der „Fröhlichen Wissenschaft") und seit dem Holocaust ist der Glaube an Gott und seine Allmacht[1] ins Wanken geraten. Schon mit der Aufklärung im 18. Jh. sind die Grundlagen des religiösen Glaubens in eine schwere Schieflage versetzt worden, die von den Vertretern des Glaubens nicht oder nur wenig korrigiert werden konnte. Seitdem verliert die Religiosität in der Bevölkerung zunehmend an Rückhalt. Die Religion ist zwar im Alltagsleben vielfach präsent, und es gibt auch einen nicht unerheblichen Anteil der Bevölkerung, der im Sinne der Religion jedenfalls äußerlich orthodox bzw. fromm den Glauben pflegt. Daneben gibt es jedoch viele Gläubige, die im Allgemeinen eine eher folkloristische Religiosität praktizieren. Auf sie trifft die Bezeichnung „säkulare Christen" zu, womit ausgedrückt wird, dass sie in Glaubensfragen einerseits indifferent sind, andererseits eine christlich-ethische Selbstsicht bzw. Lebenspraxis pflegen. Ihre Maxime ist in etwa, im christlich-ethischen Sinne Gutes zu tun ohne metaphysische Legitimation. Schließlich gibt es eine wachsende Gruppe von Leuten, die der Religion den Rücken gekehrt haben und sich als Atheisten verstehen. Bei allen diesen Beispielen handelt es sich um verschiedene Frömmigkeitsgrade, Glaubensintensitäten oder Überzeugungsgrade, die sich aus ganz unterschiedlichen Bedingungen erklären lassen, so z.B. mangelnde bis übertriebene Disziplin, gesellschaftlicher Zwang, Manipulation, materielle Vorteile, mangelndes Wissen, Krankheiten, psychische Befindlichkeiten (z.B. Launenhaftigkeit) und Umwelteinflüsse[2]. Diese Bedingungen sind je nach Persönlichkeit und Situation zwar unterschiedlich bedeutsam; in ihrer Auswirkung lassen sie sich jedoch fokussieren

1 Vgl. Jonas 1987: Gott griff in Auschwitz nicht deswegen nicht ein, weil er nicht wollte, sondern deswegen nicht, weil er nicht konnte (S. 41). Gottes Macht ist begrenzt (S. 42 f.).

2 Es handelt sich dabei um psychosoziale Korrelate von Religiosität, die bspw. Maiello (2007) in einer sehr umfänglichen und interessanten Arbeit untersucht hat.

auf die implizite oder explizite subjektive Annahme, wie wahrscheinlich es ist, dass ein Gott existiert oder nicht existiert[3]. Dem entsprechend wird der Glaube sozusagen stärker, wenn die Annahme gegeben ist, dass Gott existiert, und schwächer, wenn angenommen wird, dass er nicht existiert. Dieser lineare Zusammenhang zwischen der Glaubensintensität und subjektiven Wahrscheinlichkeit der Existenz Gottes kann grundsätzlich quantitativ abgestuft in Grade unterteilt, d.h. in Gestalt einer Skala ausgedrückt werden. Die dabei unterschiedenen Glaubensgrade können dann jeweils theologisch begründet bzw. gerechtfertigt werden. Für die Rechtfertigung bieten sich Denkmuster bzw. grundsätzliche Denkansätze (= Paradigmen)[4] aus der Geschichte der Religionskritik an. Im Vordergrund stehen hier theologische bzw. religionskritische Lehren zur Frage der Existenz oder Nicht-Existenz Gottes. Diese Stellungnahmen lassen sich auf Offenbarungswissen, d.h. theistisches Wissen oder/und auf epistemisches bzw. Erfahrungs-Wissen, d.h. non-theistisches Wissen beziehen. Darüber hinaus ist wesentlich, dass die Bedeutung des Offenbarungswissens im Laufe der Geschichte der Religionskritik abgenommen und die Bedeutung des epistemischen Wissens zugenommen hat.[5] Diese Entwicklung korrespondiert einem Emanzipationsprozess in Richtung auf die Autonomie der menschlichen Vernunft und damit auf die Säkularisierung der Welt[6]. Den gegenwärtigen Stand dieser historischen Entwicklung formuliert Werner Heisenberg (1954): „Zum ersten Mal in der Geschichte der Menschheit steht der Mensch überall nur sich selbst gegenüber“[7]. Dieses Fazit Heisenbergs wird freilich nur getragen von der intellektuellen Avantgarde des gesellschaftlichen Bewusstseins. Die anderen Sta-

3 Maiello 2007, s. 28: „Inwieweit Menschen religiös sind, hängt vor allem vom Ausmaß ihres Glaubens ab“.

4 Küng versteht unter Paradigma eine „Gesamtkonstellation“ (1994, S. 20 f.) der akzeptierten Glaubenslehre einer kirchengeschichtlichen Epoche. Nach meiner Auffassung ist ein grundsätzlicher Denkansatz der Religionskritik auch paradigmatisch, zumal, wenn er epochemachend ist. Jede Paradigma-Änderung erfolgt aus einer vorgängigen Kritik.

5 Michel 1987, S. 221 spricht von Profanisierung bzw. Enttheologisierung bzw. Anthropologisierung; Löwith 1964, S. 5; Vgl. Meurers 1962, S. 211, der den Pantheismus von Giordano Bruno als ersten Schritt der geistesgeschichtlichen Entwicklung zum atheistischen Materialismus von Marx/Engels sieht.

6 Zahrnt 1966, S. 160 ff.

7 Zit.n. Zahrnt 1966, S. 162.

tionen der genannten Entwicklung sind in der Gesellschaft nach wie vor und bei unterschiedlich starker Anhängerschaft vertreten. Sie sind heute sozusagen gleichzeitig trotz ihrer ungleichzeitigen historischen Herkunft, wobei historisch überlebte oder für überlebt gehaltene Glaubensüberzeugungen in der Regel „modernisiert", d.h. für heutige Belange theoretisch angepasst wurden und werden. In jedem Fall ist davon auszugehen, dass heutige Weltanschauungen der Menschen aus einer mehr oder weniger spannungsreichen Mischung epistemischen und religiösen Wissens bestehen, die jeweils eine Stufe der historischen Entwicklung repräsentieren.

Nicht zuletzt im Hinblick auf die Schwierigkeit, hier eine eigene Position zu finden, bietet sich als Orientierungshilfe die Konstruktion einer Skala an. Die skalierten Glaubens- bzw. Überzeugungsgrade sollen sowohl eine chronologische Übersicht über die wichtigsten Stationen der abendländischen Religionskritik bieten, als auch zur Unterscheidung der gegenwärtig vorfindbaren Glaubensintensitäten dienen. Es können freilich nicht alle Glaubenslehren hier berücksichtigt werden, sondern nur die wichtigsten, d.h. solche, die eine zahlreiche Anhängerschaft und somit eine gesellschaftlich-politische Bedeutung hatten und/oder haben.

1. Grundlagen der Anwendung subjektiver Wahrscheinlichkeiten auf die Gottesfrage

Der Unterschied zwischen Glauben und Wissen ist anderswo schon vielfach untersucht worden[8], braucht hier also nicht weiter ausgebreitet zu werden. Zusammenfassend kann festgestellt werden, dass Glauben mehr mit religiösen Weltanschauungen, also mit Offenbarungswissen und den allein darauf fußenden Annahmen über die Existenz Gottes – für wahr halten ohne methodische Begründungen[9] – zu tun hat, Wissen dagegen auf Alltagserfahrungen bis hin zu wissenschaftlich überprüftem, d.h. epistemischem Wissen gründet, welches die Frage der Existenz Gottes implizit oder explizit beiseiteschiebt oder gänzlich verneint. Strenggenommen ist Glaube und Wissen kein Gegensatz. Der Begriff „Glaube" meint eigentlich eine **„Überzeugung"**, die begrifflich von Habermas in seinem berühmten Oxymoron so treffend definiert wurde als **„der eigentümlich zwanglose Zwang des besseren Argumentes"**.[10] Es geht dabei um die Begründung des gemeinten Wissens. Unabhängig von dem Bereich des Wissens gilt in der Sicht des Begründenden grundsätzlich: Je besser begründet, desto glaubwürdiger. In diesem Sinne kann jedes Wissen sowohl gewusst, als auch geglaubt werden, oder eben nicht. Jedes Wissen, das nicht ausreichend bzw. nicht zufriedenstellend begründet ist, ist unglaubwürdig.

Die Besonderheit religiösen Wissens ist, dass es sich als Offenbarungswissen begreift. Danach gilt jede religiöse Aussage als begründet, wenn sie mit dem Offenbarungswissen übereinstimmt. Der religiöse Glaube ist sozusagen Voraussetzung für die Einsicht in Begründungen[11]. Darüber hinaus ist auch ein religiöses Wissen denkbar ohne eine dogmatische Festlegung auf eine bestimmte Offenbarung, etwa in

8 Z.B. Czermak 2014, S. 42 ff.

9 Mittelstraß 2008, S. 144.

10 Habermas 1981.

11 Honerkamp 2017, S. 281 ff.

dem mehr oder weniger vagen Sinne, dass es einen Gott gibt und dass alles, was geschieht, insbesondere, wenn ein Geschehen im Moment unerklärlich scheint, Gottes Fügung ist. Dieses religiöse und religiös anmutende Wissen nenne ich **theistisch**[12]. Das säkulare Wissen, d.h. das Erfahrungs- bzw. epistemische Wissen, das der Mensch in seinem Lebensvollzug gewinnt, fußt auf der unmittelbaren Erkenntnis, dass Ereignisse, Vorgänge und Sachverhalte bzw. alles, was geschieht und sinnlich wahrnehmbar ist, Ergebnis von Zufall und naturgesetzlichen Bedingungsgefügen ist. Es gibt keine unerklärlichen, sondern nur ‚noch nicht' geklärte Geschehnisse. Säkulare Aussagen setzen die Annahme der Existenz eines Gottes nicht voraus. Im Idealfall ist dieses Wissen in einem nach Maßgabe axiomatischer Grundannahmen nachvollziehbar begründeten Aussagensystem, in einem Begründungsnetz[13], repräsentiert. Mehr noch: Das im Zuge der wissenschaftlichen Entwicklung seit dem 19. Jh. zunehmende Gefühl einer zunehmenden Erkennbarkeit und Machbarkeit aller Dinge durch menschliche Wissenschaft und Technik entspricht einer zunehmenden Verdrängung Gottes aus der Welt.[14] Deshalb nenne ich dieses Wissen **non-theistisch**[15]. Die beiden Begriffe „theistisch" und „non-theistisch" bezeichnen zunächst nur Eigenschaften des hier interessierenden Wissens im Sinne eines kategorialen Referenzrahmens in einem Kontinuum. Inhaltlich besteht das Kontinuum aus verschiedenen Varianten der Antworten auf die Frage nach der Existenz oder Nicht-Existenz Gottes. Da diese Frage bis heute nicht abschließend beantwortet werden konnte und wohl auch nicht beantwortet werden kann, lassen sich nur Antworten abbilden, die unterhalb der Wahrheitsebene mehr oder weniger beweiskräftig scheinen. Demzufolge ist es sinnvoll, die Frage nach der Existenz oder Nicht-Existenz Gottes mit dem Konzept der Wahrscheinlichkeit in Verbindung zu bringen. Zur Rechtfertigung der Aussagen über die Wahrscheinlichkeit der Existenz Gottes sind neben reli-

12 Dieser Begriff ist hauptsächlich zu beziehen auf den abendländischen Kulturraum. Der Buddhismus bspw. ist hiervon nicht betroffen, weil er zwar eine Religion ist, aber keine Gottheit nach unseren Begriffen anerkennt.

13 Honerkamp 2017, S. 2 ff., insb. S. 8.

14 Zahrnt 1966, S. 163.

15 Diese Begriffswahl entspricht dem Postulat des „methodischen Atheismus", das im Sinne von ‚Wertfreiheit' als eine unabdingbare Voraussetzung wissenschaftlicher Forschung angesehen werden kann (Honerkamp 2017, S. 281 und 292).

gionsphilosophischen auch und gerade naturwissenschaftliche Argumente erforderlich, da wissenschaftliche Aussagen empirisch und in ihrer logisch-begrifflichen bzw. philosophischen Präzision ziemlich genau bemessen sind.

In Begriffen der Wahrscheinlichkeitstheorie gilt:

P(G): Wahrscheinlichkeit P, dass Gott (G) existiert und
P(-G): Wahrscheinlichkeit P, dass Gott nicht existiert (-G).

Weiter gilt, dass die genannten Wahrscheinlichkeiten je nach theistischer (religiöser) oder non-theistischer (säkularer) Sichtweise verschiedene Werte annehmen können, die auf einem Kontinuum von O, d.h. total unwahrscheinlich, über 0,5, d.h. weder/noch bis zu 1, d.h. unumschränkt gültig, angeordnet werden können. Diese Anordnung entspricht einer zweipoligen Skala, einer sogenannten Likert-Skala[16]. Die entsprechenden Aussagen nehmen allerdings nicht Bezug auf den klassischen Wahrscheinlichkeitsbegriff der relativen Häufigkeiten, sondern verstehen sich als subjektive Wahrscheinlichkeiten. Damit sind Intensitätsgrade des Vertrauens in die Geltungskraft einer Aussage bzw. Theorie oder in die Vorhersage eines Ereignisses/Vorgangs oder m.a.W. Grade der Überzeugung von der Richtigkeit der Aussage oder vom Eintritt eines Ereignisses gemeint.[17] Angewandt auf die **Gottesfrage**, also die Frage, ob Gott existiert oder nicht, setzt sich jede darauf bezogene Antwort aus zwei Anteilen zusammen, dem **religiösen bzw. theistischen Wissen** und dem **säkularen bzw. non-theistischen Wissen**. Unter der Annahme, dass jeder Mensch nach einer Welterklärung sucht und deshalb eine mehr oder weniger durchdachte Antwort auf die Gottesfrage hat, kann gelten, dass das Vorliegen der Gottesfrage (abgekürzt GF) zu 100 % wahrscheinlich, also sicher ist, d.h.:

$$P(GF) = 1$$

Im Weiteren wird angenommen, dass es grundsätzlich zwei Antwortmöglichkeiten auf die Gottesfrage gibt, nämlich eine theistische und eine non-theistische Antwort, es also keine dritte Option gibt[18]. Beide

16 So genannt nach dem amerikanischen Psychologen R. Likert.
17 Nell 1983, S. 35.
18 Unwin 2003, S. 59 f., und S. 66.

Antworten können nur hypothetisch sein, d.h. es sind ungeprüfte bzw. nicht überprüfbare Wahrscheinlichkeitsaussagen. Dann gilt

$$P(GF) = P(G) + P(-G)$$

Daraus folgt das Additivitätsaxiom der Wahrscheinlichkeitstheorie[19]

$$P(G) + P(-G) = 1$$

Unterschiede ergeben sich in der Ausprägung der Einzelwahrscheinlichkeiten. Die Wahrscheinlichkeit für die Existenz Gottes ist

$$P(G) = 1 - P(-G)$$

Und die Wahrscheinlichkeit für die Nicht-Existenz Gottes ist

$$P(-G) = 1 - P(G)$$

Dabei erhebt sich die weitergehende Frage, wie hoch der Glaubensgrad für die Akzeptanz bzw. Verbreitung der Gotteshypothese anzusetzen ist. Diese Frage ist zu klären mit Bezug auf den Vergleich der beiden Einzelwahrscheinlichkeiten. Für Gläubige gilt grundsätzlich $P(G) > P(-G)$, für Nicht-Gläubige gilt $P(-G) > P(G)$. Das Verhältnis zwischen P(G) und P(-G) wird als umgekehrt proportional unterstellt, d.h. je höher die subjektive Wahrscheinlichkeit der Existenz Gottes, desto geringer die subjektive Wahrscheinlichkeit der Nicht-Existenz Gottes und umgekehrt. Darüber hinaus können quantitative Unterschiede festgelegt werden, nach denen die Bedeutung jeweiliger Wahrscheinlichkeiten für die Gläubigen/Nicht-Gläubigen bemessen werden kann. Es ist zweckmäßig, diese Wahrscheinlichkeiten nicht einfach punktuell zu bestimmen, sondern nach Intervallen zu ordnen.

Die Grenzwerte dieser Glaubens- bzw. Überzeugungsbereiche lassen sich mit Blick auf die Beweismaße bei der Beurteilung von Sachverhaltsaussagen im Rechtsbereich, d.h. bei rechtlichen Streitigkeiten definieren. Im Bereich z.B. des Zivilrechts lassen sich viele Streitfälle nicht entscheiden, wenn nur Sachaussagen zugelassen werden, die dem Ideal voller Wahrheit entsprechen. Um trotzdem zu der notwendigen Entscheidung zu kommen, muss deshalb auf Wahrscheinlichkeitswerte Bezug genommen werden. Es gibt dabei vier Wahrscheinlichkeitsty-

19 Unwin 2003, S. 67 f.; Phillips 1973, S. 34.

pen, die als Beweismaße in Rechtsstreitigkeiten Anwendung finden.[20] Danach sind Sachaussagen

- Annähernd sicher ab einem Wahrscheinlichkeitsgrad > 90% [21]
- Hochwahrscheinlich bei einem Wahrscheinlichkeitsgrad > 75% [22]
- Einfach wahrscheinlich bei einem Wahrscheinlichkeitsgrad > 50% [23]
- Gering wahrscheinlich bei einem Wahrscheinlichkeitsgrad < 50%

Ideal erwiesen ist ein Sachverhalt bei an Sicherheit grenzender Wahrscheinlichkeit: > 97%. Deshalb gilt dieser Überzeugungsgrad als Regelbeweismaß. Unterhalb von 50% gilt ein Beweis als nicht erbracht, da nur gering wahrscheinlich. Dies gilt vor allem für den sogenannten Anscheinsbeweis oder „prima facie"-Beweis [24].

Übertragen auf die vorliegende Fragestellung ist ebenfalls das Ideal der Wahrheit bzw. Glaubensgewissheit maßgeblich. Angesichts von Zweifeln an der Realgeltung einiger religiöser Aussagen bezüglich der Existenz Gottes können jedoch auch geringere Wahrscheinlichkeitsgrade Plausibilität beanspruchen. Die wichtigste Grenze liegt bei 50%. Liegt die subjektive Wahrscheinlichkeit für P(G) bei 50% oder darunter, so gilt die Annahme der Existenz als unwahrscheinlich. Entsprechend ist für $P(\text{-}G) \leq 50\%$ die Existenz Gottes wahrscheinlich.

Die Ermittlung des zutreffenden Wahrscheinlichkeitsbereiches erfordert Erfahrungen bzw. Informationen über die Beschaffenheit von Sachverhalten, Ereignissen, Vorgängen, die für die Beurteilung der Frage nach der Existenz oder Nicht-Existenz Gottes von Bedeutung sind. Dafür liefert das Bayes-Theorem den mathematischen Rahmen, auf dessen Grundlage Swinburne seine Theorie der Existenz Gottes entwickelt hat, auf welche hier verwiesen wird.[25] Für die vorliegende Fragestellung reicht es, die Ausgangswahrscheinlichkeiten als Aus-

---

20 Berger-Steiner 2008, Katalog verbindlicher Beweismasse für das schweizerische Privatrecht, S. 239 ff.; s.a. Schweizer 2015, S. 471 f.

21 Berger-Steiner a.O. S. 240–249, S. 249.

22 Berger-Steiner a.O. S. 249–269, S. 269.

23 Berger-Steiner a.O., S. 269–283, S. 281.

24 Berger-Steiner a.O., S. 281 ff., S. 294, Fußnote 1076.

25 Swinburne 1979, dt. 1987, insb. S. 79 ff.; Löffler 2007, S. 103 f. Das Bayes-Theorem lautet:

$$P(h|i+w) = \frac{P(h|w) \times P(i|h+w)}{P(i|w)}$$

druck der jeweiligen Glaubensgrade zu bestimmen. Die Berechnung der Nachwahrscheinlichkeiten – also nach Anwendung der Bayes-Formel – wird hier nicht angezielt, zumal die rechnerischen Bestimmungsgrößen Swinburnes in der Literatur nicht einhellig Zustimmung finden.[26] Der Wahrscheinlichkeitsbegriff dient in vorliegendem Zusammenhang hauptsächlich als Ordnungs- bzw. Unterscheidungskriterium zwischen den Glaubensgraden und ihren sie rechtfertigenden weltanschaulichen Lehrgebäuden. Dabei wird nur vorausgesetzt, dass die Glaubensgrade konsistent sind, d.h. sich im Sinne der Wahrscheinlichkeitsaxiome nicht widersprechen[27].

Erläuterung:
h steht für Hypothese
I steht für Indizien
w steht für Hintergrundwissen
Es geht um die Nachwahrscheinlichkeit P der Hypothese h, gegeben i und w
P (h|w) ist die Ausgangswahrscheinlichkeit der Hypothese h, gegeben w
P (i|h+w) ist die Wahrscheinlichkeit der Indizien i bei gegebener Hypothese h und gegebenem Hintergrundwissen w

26 Löffler 2007, S. 114 f.; Bartelborth 1996, S. 207; Unwin (2003) bietet beispielhaft eine Anwendung des Bayes-Theorems. Die dabei herausgearbeiteten Wahrscheinlichkeitsziffern bei 6 Evidenzbereichen (=Indizien) (S. 113 ff.) sind jedoch nicht sehr überzeugend begründet, wie er auch selbst einräumt (S. 150): „Ihre Bewertung (gemeint ist die des Lesers; K.M.) der Indizien kann anders ausfallen". Auf S. 263 ff. gibt der Autor eine Anleitung für eigene Berechnungen.

27 Bartelborth 1996, S. 209.

2. Glaubensgrade und Gottesfrage

Manche Religionsgemeinschaften legen Wert darauf, dass ihre Mitglieder sich deutlich, z.B. durch ihre Kleidung von Mitgliedern anderer Religionen abheben u. sich eventuell sogar danach unterscheiden lassen, wie intensiv sie ihre Religion praktizieren. Zwar wird Religion heutzutage von vielen Menschen als Privatsache angesehen, aber eben nicht von allen. Zusätzlich zu den „etablierten" Religionen gibt es auch ein vielfältiges Angebot, sozusagen einen Markt an Religionen (und Sekten)[28], die beanspruchen, das Bedürfnis der heilsuchenden Menschen nach Glaubensgewissheit zu bedienen. Da sich die Glaubensinhalte verschiedener Religionen zum Teil widersprechen, sie aber dennoch jeweils beanspruchen, die einzig wahre Religion zu sein, findet mit wenigen Ausnahmen eine mehr oder weniger scharfe Konkurrenz um die Gewinnung von Gläubigen statt. Eine besonders unangenehme Spielart dieser Konkurrenz ist der sogenannte Islamismus, der sich durch einen aggressiven Alleinvertretungsanspruch und menschenverachtende Barbarei seiner sog. Gotteskrieger gegen „Ungläubige" anheischig macht, die Weltherrschaft zu erringen.

Bei allen Religionen lässt sich leicht feststellen, dass der jeweilige Glauben mit unterschiedlicher Intensität ausgeübt wird. Im Christentum findet man neben den Strenggläubigen, die eine kleine, aber feste Gruppe bilden und regelmäßig an religiösen Ritualen teilnehmen, auch Sonn- und Feiertagsgläubige sowie Festtagsreligiöse, die ihren Glauben mit einer nur moderaten Frömmigkeit praktizieren. Wieder andere betreten Kirchen nur aus Gründen des Kunstgenusses. Schließlich gibt es Gläubige, die zwar an eine Gottheit glauben, aber überhaupt keine Kirche mehr besuchen und/oder ihre Privatreligion aus Elementen unterschiedlicher religiöser Bekenntnisse zusammenbasteln. Darüber hinaus wächst die Anzahl von Menschen, die aus den etablierten Kirchen austreten, zu einer anderen Religion oder Sekte

---

28 Zinser 1997.

konvertieren oder das Interesse an religiösen Fragen verloren haben. Auf der anderen, der atheistischen, Seite stehen die Menschen, denen die Religionen auf ihre Fragen nach den letzten Dingen keine überzeugende Antwort geben können. An die Stelle der Religionen sind für sie Philosophie und Wissenschaft getreten. Auch und gerade unter Berücksichtigung der Unzulänglichkeiten und Grenzen menschlicher Erkenntnis ist für sie das in philosophischer Reflexion und wissenschaftlicher Forschung inzwischen verfügbare Wissen für die Erklärung der Welt weit angemessener als die vorläufigen und behelfsmäßigen religiösen Dogmen. Aber auch bei den atheistischen Welterklärungen lässt sich feststellen, dass die Ablehnung der Gotteshypothese je nach Überzeugung unterschiedlich intensiv vertreten wird. Gemeinsam ist ihnen die Abkehr von den überkommenen religiösen Autoritäten und archaischen bzw. magischen Ritualen und das Vertrauen in Verstand und Vernunft.

2.1 Skala der Wahrscheinlichkeiten der Existenz bzw. Nicht-Existenz Gottes

Die Intensitäten der Religiosität (sozusagen Frömmigkeitsgrade) können voneinander anhand der Existenzwahrscheinlichkeit Gottes unterschieden und gerechtfertigt werden. Traditionell lassen sich dabei drei Varianten feststellen, nämlich an die Existenz Gottes zu glauben (=Theismus), nicht an sie zu glauben (=Atheismus) oder dieser Frage gleichgültig gegenüber zu stehen (=Indifferenz). Insoweit entsprechen diese Varianten dem Alles-oder-Nichts-Prinzip der klassischen Logik. Mit diesem Entweder-Oder-Glauben wird die Vielfalt der alltäglichen Glaubensintensitäten jedoch nicht erfasst. Grundsätzlich scheint es angemessen, einen linearen Zusammenhang zwischen dem Überzeugungsgrad und der Frömmigkeit bzw. der Bereitschaft zu frommen Handlungen (stranggläubig vs. moderat/lau vs. ungläubig) anzunehmen: Je höher die Wahrscheinlichkeit der Existenz Gottes, desto frommer, je geringer die Wahrscheinlichkeit, desto lauer und säkularer der Gläubige. Da es in der Frage nach der Existenz eines personalen Gottes keine Gewissheit gibt (s. die Diskussion über die Gottesbeweise), liegt es nahe, zur Unterscheidung der Religiosität der Menschen einen reduzierten Wahrheitsbegriff[29], nämlich den **Begriff der subjektiven Wahrscheinlichkeit** (s.o.) heranzuziehen[30]. Entsprechend geht es darum, die Gotteshypothese nach der (subjektiven) Geltungswahrscheinlichkeit[31] und damit Glaubensintensität, in ein Kontinuum zu unterteilen. In diesem stellt der eine Pol die Gewissheit (gedacht als Grenzfall subjektiver Wahrscheinlichkeit) dar, dass Gott existiert, P(Gott)=1, der Gegenpol drückt die Gewissheit aus, dass Gott nicht existiert P(Gott)=0 bzw. P(Nicht-Gott) = 1. Zwischen diesen Polen liegen unterschiedliche Ausprägungen der Wahrscheinlichkeit der Existenz eines personalen Gottes, die von 1, 0,9, 0,8 … bis 0 reichen[32]. Besonders bedeutsam sind auf dieser Skala die o.g. juristischen Beweismasse:

P(Gott) > 0,9 bzw. 90 % (annähernd sicher)
P(Gott) > 0,75; 0,9 > P(Gott) > 0,75 bzw. 75 % (hochwahrscheinlich)
P(Gott) > 0,5 (einfach wahrscheinlich > 51%)
P(Gott) = P(-Gott) = 0,5 bzw. 50 % (gleichwahrscheinlich)
P(Gott) < 0,5 (einfach unwahrscheinlich)
P(Gott)< 0,25 bzw. 25 % (hoch unwahrscheinlich)
P(Gott) < 0,1 bzw. 10 % (weitgehend unwahrscheinlich)[33]

Die Pole der Skala beinhalten auf der einen Seite die unkritische, vollständige Anerkennung des Offenbarungswissens, auf der anderen Seite

29 S. Flasch 2015, S. 101 f., 102.
30 Dieser Gedanke liegt auch Swinburnes probabilistischem Gottesbeweis zugrunde, s. Löffler 2007, S. 101 f.; s.a. Swinburne 1987. „Der da sagt, dass ein Gott sei, sagt mehr, als er weiß, und der das Gegenteil sagt, desgleichen" (Kant-Werke, Band 4, 562 f.; Denken mit Immanuel Kant, Diogenes Taschenbuch, Zürich 2005, S. 32); Weinrich 2012, S. 319.
31 Hier ist nur der Wahrscheinlichkeitsbereich gemeint, der in der jeweiligen Lehrmeinung durchdacht und begründet ist.
32 Eine ähnliche Skala schlägt Dawkins 2007, S. 72/73 vor. Maiello 2007 gibt einen Überblick über Skalen zur Messung von Religiosität (S. 27 ff.), die er nicht für zufriedenstellend hält (S. 28), und untersucht mit einer weiterentwickelten Skala zur Erfassung von Glaubensintensität (DBGR) die Struktur psychischer Korrelate von Religiosität.
33 Die Wahrscheinlichkeitsstufen entsprechen den Beweismaßen der schweizerischen Prozessordnung, s. Schweizer 2015, S. 472: Skalierung der subjektiven bzw. epistemischen Wahrscheinlichkeit/ Überzeugungsgrade.

die unumschränkte Übernahme des philosophischen bzw. wissenschaftlichen Wissens, verbunden mit konstruktiven Seins-Deutungen (z.B. Materialismus). Je mehr man von der Existenz Gottes überzeugt, d.h. Theist ist, desto mehr steigt die Bedeutung des religiösen bzw. religiös anmutenden Wissens, je mehr man von der Nicht-Existenz Gottes überzeugt, also Non-Theist ist, umso mehr steigt die Bedeutung des philosophischen bzw. wissenschaftlich geprüften Erfahrungswissens. Die Zu- oder Abnahme der Wissensqualität lässt sich dann graphisch durch eine Diagonale ausdrücken, die kontinuierlich von der einen Seite nach der anderen abfällt bzw. zunimmt. Die Annahme einer Kontinuität zwischen dem religiösen und dem philosophischen Wissen ist nur dann problematisch, wenn eine Inkommensurabilität der beiden Wissensbereiche unterstellt wird, etwa in dem Sinn, dass es einen profanen und einen heiligen Wissenskreis gibt, deren Aussagen jeweils eigene Geltungskriterien beanspruchen und deshalb nur wenig miteinander zu tun haben[34]. Auch religiöse Aussagen lassen sich wissenschaftssprachlich als Sachaussagen bzw. Hypothesen umformulieren und können dann wie andere Aussagen in ihrer Geltung überprüft werden. Die Skalenstufen bzw. deren operationale Definitionen lassen sich unter Rückgriff auf verschiedene Glaubensparadigmen, wie sie sich seit der Reformation und im Rahmen der Aufklärung herausgebildet haben, rechtfertigen. Auch wenn sie somit anhand ihrer Ausprägung in einer bestimmten Epoche bzw. aus der Analyse des Werkes eines sie repräsentierenden Denkers erschlossen wurden, werden sie in einem synchronen Modell abgebildet bzw. skaliert, da sie gleichzeitig nebeneinander[35] existieren können.

Die Gegenseite, also der profane oder m.a.W. epistemische Wissenskreis, ist in seiner Vielgestaltigkeit zu fokussieren auf die direkt oder indirekt bzw. explizit oder implizit darin zum Ausdruck kommende Meinung über die Wahrscheinlichkeit der Nicht-Existenz Gottes. Diese Fokussierung muss auf das jeweilige historisch entstandene Glaubensparadigma beziehbar sein, indem sie dieses kritisch in Zweifel zieht oder sogar widerlegt. Gleichermaßen sind historische Entwicklungen und wissenschaftliche Erkenntnisse zu berücksichtigen,

34 S. Marina 2005, S. 60 ff.

35 Über das soziologische Konzept „Gleichzeitigkeit des Ungleichzeitigen" s. Brose 2008, insb. S. 555 f.

die geeignet sind, an die Stelle religiöser Welterklärungen zu treten, auch wenn der Begründer des jeweiligen Paradigmas nicht selbst darauf eingegangen ist. Mit Hilfe dieser Fokussierung lässt sich der historische Dominanzwechsel vom Glauben zum Wissen abbilden.[36]

Im Ergebnis besteht jeder Skalenpunkt aus den zwei Wahrscheinlichkeiten P(Gott) und P(-Gott), die sich gegenseitig zu 1 ergänzen: P(Gott) + P(-Gott) = 1. Die Gesamtwahrscheinlichkeit ist dann der Ausdruck der jeweiligen Welterklärung. Welterklärungen entsprechen einem Bedürfnis des Menschen[37]. Dieses Bedürfnis artikuliert sich in den folgenden Grundfragen:

– Grundfragen mit theistischem Bezug: Gibt es einen Gott? Ist die Seele unsterblich? Kontrolliert mich Gott? Was kann ich tun, um nach meinem Tode in den Himmel zu kommen?
– Philosophische (non-theistische) Grundfragen nach Kant: Was kann ich wissen? Was soll ich tun? Was darf ich hoffen?[38]

Beide Fragenbereiche sind uralte Fragen der Menschheit. Der Maler Paul Gauguin hat sie 1897 in seinem berühmten Gemälde „Woher kommen wir. Wer sind wir. Wohin gehen wir.“ anschaulich gemacht:

36 S. Krauss 2005, S. 31.
37 Utsch 1998, S. 15.
38 Kant, Kritik der reinen Vernunft, Kant-Werke 1968, Bd. 4, S. 677.

Abb. 1: Gauguin, Tahiti, 1897: Woher kommen wir. Wer sind wir. Wohin gehen wir. (Photography © Museum of Fine Arts, Boston)

Erläuterung des Bildes: Das Gemälde entspricht thematisch dem Darstellungsmotiv der Lebensalter und ist eines der bekanntesten Gemälde Paul Gauguins. Der Titel benennt die Grundfragen des Menschseins (oben links ohne Fragezeichen), mit denen sich Gauguin trotz seiner antiklerikalen Haltung intensiv beschäftigt hat. Der Bildinhalt ist von rechts nach links zu betrachten. Im Wesentlichen sind in Orange gehaltene Menschen aus Polynesien in drei Szenen vor einer bläulich-grünen Südseekulisse dargestellt, die verschiedene Lebensalter repräsentieren: Die Kindheit in Gestalt eines schlafenden Säuglings, das Erwachsenenalter in der Figur eines erwachsenen Mannes, der eine Baumfrucht erntet, und schließlich das Greisenalter, dargestellt durch eine sinnende alte Frau. Der weiße Vogel ganz links neben der alten Frau ist als Vanitas-Symbol zu verstehen. Die blaue Statue im Hintergrund symbolisiert das Jenseits.[39]

2.2 Die Gottesfrage: Theistische Glaubenslehren und non-theistische Welterklärungen

Jede Welterklärung gibt eine spezifische Antwort auf die existentiellen Fragen, die je nachdem religiös, säkular oder aus beidem gemischt ausfällt. Folgende Welterklärungen (Glaubensparadigmen bzw. philosophische Paradigmen) werden im Hinblick auf die Gottesfrage in der Skala berücksichtigt:

39 In Anlehnung an die Erläuterung des Bildes durch das MFA,Boston.

Orthodoxe bzw. fundamentale Dogmatik

Korrigierte (reformierte) Dogmatik

Nutzenkalkulierte Dogmatik (Pascalsche Wette)

Verworfene Dogmatik (= Deismus)

Religiöse Indifferenz, Agnostizismus

Liberal-Religiöser Pragmatismus

Christlicher bzw. religiöser Existentialismus

Atheismus

Atheistischer Existentialismus, Evolutionärer Humanismus

2.3 Definition der Skalenpunkte und ihre Rechtfertigung

2.3.1 Orthodoxe bzw. fundamentale Dogmatik

Der **orthodoxe bzw. fundamental Gläubige** (Theist) zeichnet sich durch tiefe Religiosität aus. Für ihn sind die Existenz eines personalen Gottes, die Unsterblichkeit der Seele und deren metaphysische Existenz Gewissheit. Er lebt strikt und u.U. auch asketisch nach den Dogmen und Regeln seiner Glaubensgemeinschaft. Die Strenge seines Glaubens kommt zum Ausdruck, wenn er tatsächlich oder vermeintlich Glaubensregeln verletzt, z.B. in der Sünde. Dann meldet sich das „schlechte Gewissen“, das sich erst beruhigt, wenn die „Reinheit“ im Glauben wiederhergestellt ist. Diese Reinheit wird in der Regel durch die Erledigung einer Buße, die von einem Priester nach einer Beichte auferlegt wurde, und die darauf folgende Absolution erlangt.

Im Allgemeinen umfasst der Gottesbegriff die folgenden Komponenten:

> „Gott existiert; er ist eine körperlose Person (d.h. ein Geist), allgegenwärtig, der Schöpfer und Erhalter des Universums, ein frei handelndes Wesen, fähig, alles zu tun (d.h. allmächtig), allwissend, vollkommen gut, ein Grund für moralische Verpflichtung, unveränderlich, ewig, ein notwendig Seiendes, heilig und verehrungswürdig"[40]

Quellen des Glaubens sind für den katholischen Christen die Bibel als Offenbarung Gottes und die kirchlichen Dogmen (Glaubenswahrheiten). Die für den Gläubigen bzw. die gesamte Glaubensgemeinschaft verbindliche Lehre und Richtschnur des Glaubens ist kompakt dargestellt im Katechismus. Bei entsprechenden Anlässen bekennt der Gläubige *coram publico* seinen dogmatischen, d.h. wahren Glauben im Glaubensbekenntnis:

> Das Apostolische Glaubensbekenntnis im Wortlaut
>
> Ich glaube an Gott, den Vater,
> den Allmächtigen,
> den Schöpfer des Himmels und der Erde.
> Und an Jesus Christus,
> seinen eingeborenen Sohn, unsern Herrn,
> empfangen durch den Heiligen Geist,
> geboren von der Jungfrau Maria,
> gelitten unter Pontius Pilatus,
> gekreuzigt, gestorben und begraben,
> hinabgestiegen in das Reich des Todes,
> am dritten Tage auferstanden von den Toten,
> aufgefahren in den Himmel;
> er sitzt zur Rechten Gottes,
> des allmächtigen Vaters;
> von dort wird er kommen,
> zu richten die Lebenden und die Toten.
> Ich glaube an den Heiligen Geist,
> die heilige katholische Kirche,
> Gemeinschaft der Heiligen,
> Vergebung der Sünden,
> Auferstehung der Toten
> und das ewige Leben.
>
> Amen.

Im Christentum ist die Gottesvorstellung im Trinitätsdogma (KKK 234) und in der Vorstellung festgelegt, dass Jesus Mensch und Gott zu-

---

40 Mackie 1985, S. 9; Swinburne 1987, S. 16/17; Hoerster 2010, S. 13.

gleich ist (KKK 464). Die Aufteilung der Welt in Himmel, Erde (KKK 325 und 326) und Unterwelt/Reich des Todes (KKK 632, 633) ist eng mit dem mittelalterlichen, d.h. geozentrischen Weltbild vor Kolumbus verwoben.[41]

Inhaltlich ist das christliche Glaubensbekenntnis eine Zusammenfassung der wichtigsten Glaubensinhalte des gläubigen Christen. Insoweit dient es einer Vergewisserung der Gläubigen in Glaubensfragen sich selbst und anderen gegenüber. Darüber hinaus ist es eine Antwort auf Kernfragen des Menschseins wie z.B. Fragen nach der Existenz Gottes, nach dem Ursprung der Welt und des Menschen, nach Gut und Böse, Leben nach dem Tod, u.ä.. Die Glaubensinhalte handeln von einem gütigen Vater Gott, der allmächtig ist, von seiner Erschaffung der Welt, der Natur und des Menschen, der gottgewollten Gestaltung des menschlichen Lebens durch Gebote und Verbote und der Kontrolle von deren Einhaltung, der gottesrichterlichen Bilanzierung von Gut und Böse und seiner Trennung der Guten von den Bösen beim Übergang der unsterblichen Seele des Menschen in das ewige Leben, dem Paradies bzw. Himmel als ewiger Heimstatt der Guten oder der Hölle als Ort der Bösen. Derartige Glaubensaussagen bieten Orientierung und Trost angesichts einer unverständlichen Welt voller Gefahren, Schicksalsschlägen, Leid und Trauer.

Dieses mittelalterlich-scholastische Glaubensparadigma (Küng), das hauptsächlich durch Thomas von Aquin (1225–1274) geprägt wurde und deshalb auch als thomistisch bzw. neuthomistisch oder (neo-)scholastisch (universitär)[42] bezeichnet wird, hält sich trotz Reformation und Aufklärung bis zum zweiten Vatikanischen Konzil (1962–1965)[43]. Seit dem ersten Vatikanischen Konzil (1869–1870) wird Thomas als der wichtigste Kirchenlehrer der Katholischen Kirche betrachtet und gefördert[44]. Seine *Summa theologica* fußt auf Augustinus und ist eine „mit aristotelischen Kategorien und Gedankengängen vollzogene systematisch-spekulative Durchgestaltung“ des römisch-ka-

41 Simek 1992, S. 16 ff.: „Der sphärische Bau der Welt“; s.a. Bultmann (1941), 1985, S. 12 f.; Küng 1995, S. 58.

42 Küng 1994, S. 483 f.

43 Küng 1994, S. 481.

44 Küng a.O.

tholischen Paradigmas[45]: „Alle Dinge sollen aus Gott, ihrem höchsten Seinsgrund und ihrer letzten Zielbestimmung, verstanden werden“[46].

Ein bedeutender Ansatz der Übersetzung der Tradition in die Moderne stellt das Werk Rahners (1904–1984) dar. Er gilt als Überwinder der Neuscholastk[47], da er sich in seinem Werk der spannungsreichen Dynamik zwischen theologischer Gegenwartsanalyse und dogmatischen Prinzipien im Blick auf konkrete pastorale Herausforderungen stellt[48]. Getragen von dem Grundprinzip **„Wer sich Gott naht, dem naht sich Gott“**[49] versteht sich Rahner als Therapeut gegen den katholischen Antimodernismuskomplex[50], indem er sich stets bemüht, die überlieferte Wahrheit des Christentums in der wissenschaftlichen Sprache seiner Zeit darzustellen[51]. Die Identität des Katholischen liegt seiner Meinung nach in seiner universalen Dialogbereitschaft [52] unter der Voraussetzung einer absoluten Anerkenntnis Gottes[53]. Rahner ist einer der wichtigsten Wegbereiter des Zweiten Vatikanischen Konzils[54].

Wahrscheinlichkeitsgrad und Glaubenskonzept: Der orthodoxe Gläubige glaubt ganz fest an Gott und an das – symbolisch übertragene – geozentrische Weltbild. Seine Seele ist für ihn unsterblich. Richtlinie seines Glaubens ist der Katechismus.

2.3.2 Korrigierte (reformierte) Dogmatik

Ausgangspunkt des Protestantismus ist die Reformation Martin Luthers (1483–1546). Der Reformator fragt grundsätzlich nach dem Sinn bzw. (theo-)logischen Gehalt von religiösen Glaubenssätzen im Hinblick auf ihre Übereinstimmung mit der Offenbarung im Neuen Testa-

45 Küng a.O., S. 501.
46 Küng a.O., S. 487.
47 Siebenrock 2005, S. 292.
48 Siebenrock a.O., S. 292, 304.
49 Zit .n. Siebenrock a.o., S. 293.
50 Siebenrock a.O., S. 299.
51 Siebenrock a.O., S. 304.
52 Siebenrock a.O., S. 299.
53 Weischedel II, 1983, S. 67; Rahner 1984, S. 60, 82 f.; Hübner 2006, S. 179, 183; Siebenrock 2005, S. 299.
54 Siebenrock a.O., S. 290.

ment bzw. im Evangelium. Anlass für Luthers Kritik am überlieferten Glauben war der Ablasshandel. Dabei ging es um die Möglichkeit, sich einen Platz im Paradies dadurch zu sichern, dass man im diesseitigen und jenseitigen (Fegefeuer) Leben zeitliche Strafen für begangene Sünden durch Geldzahlungen an die Kirche erwirbt. Luther kritisierte diese Praxis mit dem Argument, dass der Platz im Paradies von Gottes Gnade abhängig ist und nicht durch diesseitige gute Werke gewonnen bzw. durch böse Taten verspielt werden könne. Maßstab eines gottgefälligen Lebens sei der an Gottes Wort gebundene Primat der Gnade und des bedingungslosen Glaubens[55]. Die Theologie der Rechtfertigung des Sünders steht somit in der Mitte der Reformation Luthers[56].

Die Hoffnung des protestantisch Glaubenden auf sein Seelenheil geht einher mit seiner vertrauenden Hingabe an Gott, der ihn nicht aufgrund von frommen Werken und sittlichen Leistungen, sondern aufgrund seines glaubenden Vertrauens allein durch seine Gnade rechtfertigt[57]. Das theologische Paradigma der Reformation Luthers fußt auf drei Fundamenten[58]:

1. Primat des Evangeliums (Neues Testament) (*sola scriptura*)
2. Orientierungspunkt aller Schriftauslegung ist allein Christus (*solus Christus*)
3. Allein der bedingungslose Glauben (*sola fide*) und die Gnade Gottes (*sola gratia*)

Diese drei Säulen definieren die evangelische Glaubenslehre und -praxis gemäß dem evangelischen Katechismus und sind das verbindende Element aller seitherigen protestantischen Glaubensvarianten. Die lutherische Auslegung des Wortes Gottes bzw. des Neuen Testaments ist jedoch nicht die einzig mögliche. Schon zu Lebzeiten Luthers gab es die Sekte der Wiedertäufer, die sich in ihrer Lehre ebenfalls auf das Neue Testament und den Heiligen Geist beriefen[59]. Seither traten viele Prediger auf, die jeweils eine eigene Variante verkündeten und damit eine eigene Anhängerzahl überzeugten. Man kann daraus folgern, dass

55 Küng 1994, S. 616; Mensching 1955, S. 45.
56 Küng 1994, S. 606.
57 Küng 1994, S. 612.
58 Küng 1994, S. 616.
59 Mensching 1966, S. 46.

die Akzeptanz der Interpretation der Bibel abhängig ist von der Überzeugungskraft des Predigers und dessen Fähigkeit, sie in die situativen Bedingungen der jeweiligen örtlichen und zeitlichen Gegebenheiten einzupassen. Reformierung des christlichen Bekenntnisses ist somit eine grundsätzliche Option eines Gläubigen, d.h. die Reformation geht weiter – bis heute[60]. Zu erwähnen sind hier z.B. die verschiedenen Bewegungen des asketischen Protestantismus (Methodisten, Pietisten, Baptisten und Puritaner)[61]. Wenn der Gläubige seine religiöse Identität in der hergebrachten Lehre nicht mehr gewahrt sieht und in seiner Sicht wichtige Glaubensregeln der Offenbarung verletzt sind sowie seine Zweifel nicht ausgeräumt werden (können), ist er notfalls auch bereit, den lutherisch geprägten Protestantismus zu verlassen und in eine andere protestantische Glaubensgemeinschaft bzw. Sekte zu konvertieren oder gar eine solche zu gründen. Je nach Bindekraft der Glaubensvariante kann es dabei zu erheblichen Konflikten zwischen den Bewahrern und den Neuerern kommen, die, wie die Geschichte zeigt, auch gewalttätig ausgetragen werden können, zumal dann, wenn politische Interessen ins Spiel kommen.

Das Grundanliegen Luthers war eigentlich eine Rückkehr zur ursprünglichen Form des Christentums, weil sich die damalige christliche Gesellschaft weit vom Neuen Testament bzw. von der katholischen Dogmatik entfernt hatte[62]. Es ging ihm nicht um die Frage der Existenz des dreifaltigen Gottes, sondern um die Frage des richtigen Gottesbildes. Luther kritisiert den strengen Gott des Alten Testaments, der die strikte Einhaltung des dogmatischen Gesetzes verlangt. Er setzt dagegen einen liebenden Gott, der dem gläubigen Menschen seine Gnade schenken kann. Dabei entstand jedoch ein paradigmatischer Wandel in der Theologie, eine neue Konfession.[63] Mit dem Thesenanschlag Luthers in Wittenberg (1517) (Kritik am Missstand des Ablasshandels, Kritik an der Transsubstantiation, Kritik am Weihepriestertum, etc.) endete die Zeit der unumschränkten Akzeptanz der orthodoxen Dogmatik des mittelalterlichen Katholizismus.

60 Küng 1994, S. 624 ff.
61 Küng 1994, S. 671 f. und 702 ff.
62 Küng 1994, S. 624.
63 Küng 1994, S. 621.

Die Gegenreformation (seit dem Konzil von Trient, 1543–1563) hatte eine leichte Korrektur der katholischen Dogmatik, z.B. die Abschaffung des Ablasshandels, zur Folge. Der katholische Glauben verharrte jedoch in den traditionellen Strukturen[64]. Der Gegensatz zu den Evangelischen bzw. Reformierten und die gewaltsame Rekatholisierung protestantischer Gebiete führte schließlich zum 30jährigen Krieg, der erst im Patt der religiösen Mächte und dann im Toleranzvertrag des Westfälischen Friedens von 1648 endete.

Parallel zur Reformation kündigt sich ab Ende des 15. Jhs. und in der 1. Hälfte des 16. Jhs. die kopernikanische Wende an, d.h. die Wende vom geozentrischen zum heliozentrischen Weltbild[65], die das ptolemäische Weltbild der Antike und des Mittelalters[66] in Frage stellt. Zeitgleich ereignete sich die Entdeckung Amerikas durch Kolumbus und die erste Erdumsegelung durch Magellan. Beide Ereignisse bewiesen die Kugelgestalt der Erde und verunsicherten das religiöse Denken der Zeit. Die kopernikanische Wende ist auch die Stütze für den Pantheismus des Dominikaners Giordano Bruno (1548–1600), der zu der Erkenntnis kam, dass das Weltall unendlich sei und mit unendlich vielen Sternen bevölkert sei[67].

Strenggläubige Protestanten glauben zwar zu 100% an die Existenz Gottes, zumal das evangelische Glaubensbekenntnis sich nur geringfügig vom katholischen unterscheidet. Die angeprangerten Missstände verlangen jedoch eine strukturelle Korrektur der Dogmatik im Hinblick auf ihre Übereinstimmung mit der Offenbarung Gottes im Neuen Testament. Im Allgemeinen sind dies in protestantischer Sicht Missstände der kirchlichen Dogmatik, die den Weg zu Gott verstellen. Die Beharrung auf der traditionellen Dogmatik zieht in der Sicht der Neuerer der Vorwurf einer falschen Auffassung des Willens Gottes auf sich. Analog setzen sich die Neuerer dem Vorwurf aus, den traditionellen Glauben und damit den traditionellen Gottesbegriff zu verlassen. Die Unterschiede im katholischen und protestantischen Glauben sind jedoch insoweit aufgearbeitet, dass sich gegenwärtig eine Wiederannä-

64 Küng 1995, S. 59.

65 Simek 1992, S. 149 ff.; Küng 1994, S. 616; Küng 1995, S. 58.

66 S. den Almagest des Ptolemäus (Gastgeber, in Fingernagel (Hg.): 2018, S. 188).

67 Meurers 1962, S. 210.

herung der Kirchen abzeichnet[68]. Eine Wiedervereinigung der Kirchen wird neuerdings von einem wachsenden Teil der Gläubigen gefordert[69].

Wahrscheinlichkeitsgrad und Glaubenskonzept: Die 100%ige Anerkennung der Existenz Gottes ist die Glaubensgrundlage strenggläubiger Protestanten. Richtschnur ihres Glaubens ist die Bibel und der reformierte Katechismus[70].

2.3.3 Nutzenkalkulierte Dogmatik (Pascalsche Wette)

Der **von Nützlichkeitserwägungen getragene Gläubige** zweifelt am Sinn religiöser Dogmen, ist jedoch bereit, religiöse Rituale zu vollziehen, um sein jenseitiges Heil nicht zu verspielen. Die Zweifel bleiben erhalten, werden jedoch beschwichtigt, indem man so tut, als ob die an sich zweifelhaften Dogmen doch einen wahren Kern enthielten. Diese Geisteshaltung entspricht der berühmten **Pascalschen Wette**[71]. Pascals (1623–1662) Argument: Wenn die Lehre stimmt, kannst du als diesseitiger Atheist im Jenseits alles verlieren; wenn die Lehre aber nicht stimmt, hast du durch dein religiöses Tun zwar nichts gewonnen, aber auch nichts verloren[72]. Andererseits ist Glaubensgewissheit für Pascal nicht allein durch Vernunft, sondern auch von der gefühlten Gotteserfahrung getragen: „Das Herz hat seine Gründe, die die Vernunft nicht kennt“[73]. Seine eigene gefühlte Glaubensgewissheit entnimmt Pascal einem intensiven Glaubenserlebnis (*Mémorial*)[74], das er selbst am 23.11.1654 erlebte und über das er berichtete. In der Gegenüberstellung der Wette und seinem religiösen Gefühl zeigt sich Pascals unentschiedene Weltsicht, ja geradezu innere Zerrissenheit zwischen autonomer Rationalität und Orientierung an Mystik und traditioneller au-

68 Küng 1994, S. 613; Haudel 2015, S. 245.
69 S. beispielhaft von dem CDU-Politiker Geißler 2015.
70 Rothgangel et al. 2015.
71 Pascal, Pensées Fragment 418/233.
72 Albert 1979 S. 211 ff., insb. S. 213: Albert kritisiert die Argumentation Pascals als Reduktion auf nur zwei Möglichkeiten als ziemlich willkürlich.
73 Pascal, Pensées (), IV, Nr. 277, und Nr. 424 (entstanden 1647, zuerst veröff. 1670); vgl. Knapp 2014, S. 124 ff., S. 140 ff., S. 149 ff. insbes. S. 154, S. 173 ff.
74 Pascal Fragment 913; Knapp 2014, S. 116 ff.

gustinischer Theologie (Jansenismus)[75]. Für sich genommen ist die sozusagen rückversichernde Denkweise der Wette Ausdruck der rationalistischen Religionskritik der frühen Aufklärung[76]. In dieser Sicht ist die Existenz Gottes hochwahrscheinlich, aber nicht mehr gewiss: $0{,}75 < P(\text{Gott}) < 1$. Eine derartige Glaubensbegründung kann freilich auch der Heuchelei den Boden bereiten, sofern das Kosten-Nutzen-Kalkül auf diesseitige Vorteile des Glaubensbekenntnisses bezogen wird. Kritisch wird gegen Pascal eingewandt, dass sich die Wette auf jedweden Gott und nicht nur auf den christlichen beziehen lässt.

Zu Pascal gewissermaßen ein Antipode[77] ist sein Zeitgenosse Descartes (1596–1650). Mit seinem berühmten Motto **„Ich zweifle, also bin ich"** steht er für den Beginn der neuzeitlichen Philosophie in dem Sinne, dass er das Thema „Der Mensch", also sich selbst in den Vordergrund stellt[78]. Seine Philosophie impliziert eine radikale methodische Trennung zwischen dem Räumlich-Quantitativen (res extensa = Materie) und dem Seelisch-Geistigen (res cogitans = Denken/Bewußtsein) bzw. zwischen Objekt und Subjekt[79]. Das Ich ist das denkende Subjekt, von dem aus das materielle Objekt beurteilt wird[80]. Der so definierte Dualismus zwischen Subjekt und Objekt bleibt für das neuzeitliche Wirklichkeitsverständnis prägend[81]. Er ist eine der Grundlagen der Entwicklung der Vernunft und damit der modernen Wissenschaft. Descartes überträgt diesen Dualismus jedoch nicht auf sein Gottesverständnis. Gott steht für ihn „zweifellos" über der Realität. Entsprechend ist sein „ontologischer" Gottesbeweis zu interpretieren: 1. Wir finden in uns die Idee eines vollkommenen Wesens. Diese Idee kann nur von Gott stammen, da der Mensch nur Unvollkommenes, Endliches denken kann. 2. Mit der Idee der Vollkommenheit ist damit die Existenz Gottes bewiesen[82]. Der „Beweis", den auch schon Anselm von Canterbury (1033–1109) in seiner Schrift Proslogion (1178) geführt hat, ist jedoch nicht überzeugend, weil Ideen keine eigene Wirklichkeit

75 Raffelt 1990, S. 39.
76 Schäfer 1974, S. 335.
77 Schäfer 1974.
78 Weischedel 1983, 1, S. 165.
79 Küng 1995, S. 48.
80 Küng 1995, S. 34.
81 Küng 1995, S. 49.
82 Küng 1995, S. 34 f.; Descartes (1641), 1960, 3. Meditation, S. 30 ff.

haben, und deshalb der Schluss von der Idee des vollkommenen Wesens auf dessen Existenz nicht gerechtfertigt ist[83]. Zudem beruht der „Beweis" auf einem Zirkelschluß[84], da die zu beweisende Vollkommenheit Gottes im Beweisverfahren bereits vorausgesetzt wird.

Wahrscheinlichkeitsgrad und Glaubenskonzept: Der dargestellte Zweifel an der Existenz Gottes begründet einen Wahrscheinlichkeitsgrad von P(Gott) > 75%. Der den Nutzen des Glaubens erwägende Gläubige ist sich seiner Zweifel an der Existenz Gottes und der Unsterblichkeit der Seele bewusst. Trotzdem entscheidet er sich dafür, an den traditionellen Dogmen festzuhalten. Er will seine Anwartschaft auf das Paradies nicht verspielen.

2.3.4 Verworfene Dogmatik (= Deismus)

Mit seinem berühmten Werk *Ethica ordine geometrico*[85] stellt Spinoza (1632–1677) einen Vorläufer oder „Türöffner"[86] der Aufklärung dar. Spinoza lehnt den traditionellen anthropomorphen Gottesbegriff ab. Sein Gott ist eine „welt-immanente Produktivität"[87]: *Deus sive natura*, eine These, die bis heute umstritten ist.

So weit geht die Aufklärung des 17. und 18. Jhs. freilich nicht. Sie bleibt bei einem anthropomorphen Gottesbegriff, stellt aber die Offenbarung und die darauf gründende kirchlich-religiöse Dogmatik in Frage. Der so beschriebene Deismus distanziert sich deutlich vom Protestantismus, der die kirchliche Dogmatik im Hinblick auf die absolute Autorität seiner biblischen Grundlage kritisiert und reformiert[88]. Er basiert auf fünf vernunftgemäßen Grundannahmen einer „natürlichen Religion"[89]:

1. Annahme eines höchsten Wesens
2. Das Gebot seiner gläubigen Verehrung

83 Küng 1995, S. 56; Hoerster 2010, S. 16 f.
84 Weischedel 1983,1, S. 173 ff.
85 Spinoza, Baruch de 1677 (1999).
86 Kahl 2015, Buchtitel.
87 Ossadnik 2011, S. 19.
88 Cassirer 1932, S. 146 f.
89 Von Sir Edward Herbert von Cherbury (1581–1648), Zit. n. Barth 2013, S. 94.

3. Die Pflicht zu einer tugendgemäßen Lebensführung
4. Die Bereitschaft zur Wiedergutmachung eigener Verfehlungen durch innere Reue
5. Der Glaube an eine ausgleichende Gerechtigkeit durch einen jenseitigen Richter

Zwar glaubt der Deist an die Existenz eines personalen, transzendenten Schöpfer-Gottes, verneint aber dessen Weiterwirken in Natur und Geschichte[90]. Sozusagen ist Gott wie ein Uhrmacher, der das von ihm hergestellte Uhrwerk, d.h. die unveränderlichen Naturgesetze in Gang setzte, sich seitdem aber im Sinne eines *deus otiosus* (Gott im Müßiggang) zurücklehnt und die Welt von selbst weiterlaufen lässt. Parallel zur Religionskritik der frühen Aufklärung entwickelt Leibniz (1646–1716) die Theodizee (als Begriff erstmals in einem Brief 1697 erwähnt), d.h. den Versuch einer Rechtfertigung des allmächtigen, gütigen und allwissenden Gottes angesichts allen Übels und Leidens in der Welt. Dies gelingt ihm mit der Formel, dass Gott die Welt als „beste aller möglichen Welten", d.h. nicht als vollkommene geschaffen hat[91]. Diese Formel wird hauptsächlich von Voltaire (1694–1778) in seinem Roman *Candide oder Die beste aller Welten* (1759) satirisch in Frage gestellt[92]. Voltaire prangert darin am Beispiel des Erdbebens von Lissabon (1755) und des Siebenjährigen Krieges (1756–1763) Adelswillkür, Inquisition, Kriegsgräuel und Sklaverei an. Das Theodizee-Problem ist trotz vielfältiger Versuche bis heute ungelöst[93]. Im Zentrum deistischen Denkens steht die Konzeption der o.g. „natürlichen Religion", der zufolge das aus bloßer Vernunft erreichbare Wissen über Gott hinreicht, um ein richtiges bzw. gottgefälliges Leben zu führen[94]. Im Einklang mit der deistischen Annahme des Rückzugs Gottes nach der Erschaffung der Welt wird die Existenz des Klerus und die religiöse Dogmatik der Kirche als unbegründet verworfen (Voltaires antiklerikaler Wahlspruch: *Écrasez l'infame*[95]). Dennoch hielt Voltaire am Gottesbe-

90 Schröder 2013, S. 11.
91 Leibniz 1710.
92 Voltaire 1759.
93 Czermak 2014, S. 36, 57, 98; s.a. die Diskussion bei Hoerster 2010, S. 87 ff.
94 Schröder 2013, S. 8.
95 "Zermalmt, zertretet, vernichtet die Unverschämte, Verruchte, Schändliche" (Holmsten 1971, S. 118 f.).

griff als einem ethischen Anker menschlichen Verhaltens fest: „Wenn es ihn (Gott; K.M.) nicht gäbe, müsste man ihn erfinden“[96]. Bei seiner ansonsten antiklerikalen Haltung verweist er damit auf das Problem einer nicht-religiösen Begründung der Ethik, sozusagen einer Verselbständigung der Ethik, welches Hume mit seiner Feststellung, dass aus Tatsachenaussagen keine normativen Sätze ableitbar sind[97], in die Diskussion eingebracht hat. Angestoßen durch Descartes (s.o.) ist eine wichtige religionskritische Grundlage jener Zeit die Befreiung der Vernunft und der menschlichen Geisteskraft von religiös-dogmatischen Bindungen und die Aufwertung sinnlicher Erfahrung. Die Phänomene bzw. deren Beobachtung sind das Gegebene, die Benennung der daraus entwickelten Gesetzmäßigkeiten sind das Gesuchte[98]. Diese empirische Herangehensweise an die Lösung uralter Fragestellungen manifestiert sich in Galileis (1564–1642) Himmelsbeobachtungen mit Hilfe des Teleskops (erfunden von Lippershey, 1608), die eine Revolutionierung der Astronomie bedeutete, in Keplers Himmelsmechanik (Annahme elliptischer Planetenbahnen) und seiner endgültigen Abweisung des ptolemäischen Weltbildes[99] sowie in Newtons Gravitationsgesetz.[100] Das vor allem aus der Physik Newtons (1643–1727) und der mathematischen Ergänzung von Laplace (1749–1827)[101] entwickelte mechanistische Weltbild[102] versetzte die Kirche in größte Unruhe, fürchtete sie doch eine Gefährdung ihrer Lehre, dass Gott das Weltall

96 „Si Dieu n´existait pas, il faudrait l´inventer“, Voltaire in einem Brief an den – anonymen – Autor der Schrift „Über die drei Betrüger“. Voltaire (1769): Épitre à l'auteur du livre des trois imposteurs.

97 Kutschera 1982, S. 29 (Humesches Gesetz).

98 Cassirer 1932, S. 6 f.

99 Simek 1992, S. 150; in diese Zeit fällt auch die Trennung von Astrologie und Astronomie; Draper 1875, S. 234 ff.

100 Meurers 1962, S. 215 ff.: Hinsichtlich der Gottesfrage entfaltete eine mathematische Studie von Laplace eine große Wirkung auf die damalige Bildungsschicht, da er nachwies, dass die gegenseitigen Anziehungskräfte der Planeten periodischer Natur sind und nicht geeignet sind, das Planetensystem in Unordnung zu bringen. Newton hatte angenommen, dass diese Kräfte von Gott in einem unmittelbaren Willensakt gebändigt würden. Laplace sagte Napoleon gegenüber: „Ich hatte diese Hypothese (Gottes Einwirkung) nicht nötig“. S.a. Barbour 2003, S. 44 f., S. 59.

101 Barbour 2003, S. 58 f.

102 Die Entwicklung des mechanizistischen Weltbildes wurde vor allem von Voltaire vorangetrieben (vgl. Borzeszkowski & Wahsner 1980, S. 13, S. 40 ff.).

für den Menschen erschaffen habe[103]. Ein Deist akzeptiert religiöse Rituale, steht den kirchlich vorgeschriebenen jedoch skeptisch gegenüber[104]. Sein Glauben kann deswegen als „moderat-religiös" bezeichnet werden. Danach ist die Auffassung der Existenz Gottes – freilich nur als Weltenschöpfer – nur noch einfach wahrscheinlich: P(Gott) > 0,5.

Die Religionskritik der Aufklärung hat eine lange Tradition, die in der hypothetischen Verteidigungsrede eines Kritikers (Holbach), wenn er sich Gott gegenübergestellt sähe, zusammengefasst ist[105]:

> Vater, der du dich deinem Kinde nicht gezeigt hast, unbegreiflicher und verborgener Weltbeweger, den ich nicht entdecken konnte, verzeih, wenn mein beschränkter Verstand dich nicht erkennen konnte in einer Natur, in welcher mir alles notwendig schien.
> Verzeih, wenn mein empfindendes Herz deine erhabenen Züge nicht herausfinden konnte unter denen des wilden Tyrannen, den der Aberglaube zitternd anbetet. Wie konnte mein schwaches Gehirn deinen Plan, deine Weisheit durchschauen, da die Welt mir doch nur ein Gemisch von Ordnung und Unordnung darbot, von Gutem und Bösem, von Bildungen und Zerstörungen? Konnte ich deiner Gerechtigkeit huldigen, da ich das Verbrechen so oft siegen sah und die Tugend in Tränen? Meine Unwissenheit ist verzeihlich, weil sie unwiderleglich war. Wenn du deine Geschöpfe liebst, ich liebe sie wie du, ich habe mich bemüht, sie in meiner Umwelt glücklich zu machen.
> Hast du die Vernunft geschaffen, ich habe ihr immer gehorcht; gefällt dir die Tugend, mein Herz hat sie immer geehrt, ich habe sie nach Kräften geübt. Habe ich schlecht von dir gedacht, so geschah es, weil mein Verstand dich nicht begreifen konnte; habe ich schlecht von dir gesprochen, so geschah es, weil mein allzu menschliches Herz sich gegen das abscheuliche Bild empörte, das man von dir machte.
> Meine Irrtümer waren die Wirkungen der Natur, die du mir gegeben hast, der Umstände, in die du mich ohne meine Einwilligung hineingestellt hast, der Gedanken, die mein Geist unbewusst gefasst hat.
> Bist du gut und gerecht, wie man sagt, so kannst du mich für die Abwege meiner Phantasie nicht strafen, nicht für die Folgen meiner Leidenschaften, nicht für die notwendigen Ergebnisse der Organisation, die du mir gegeben hast. Wolltest du mich hart und ewig strafen, weil ich auf die Vernunft hörte, die dein Geschenk ist, wolltest du mich für meine Täuschungen züchtigen, wolltest du mir zürnen, weil ich in die Schlingen fiel, die du mir überall stelltest, dann wärest du der grausamste und ungerechteste Tyrann, du wärest kein Gott, sondern ein boshafter Dämon, dem ich mich unterwerfen und dessen Wut ich sättigen müsste; aber dann wäre ich stolz darauf, dein unerträgliches Joch abgeworfen zu haben.

103 Draper 1875, S. 172 ff. s. dort auch das kirchliche Vorgehen gegen Galilei.

104 Eine explizit deistische Liturgie wurde zwar vorgeschlagen, setzte sich aber nicht durch (vgl. Riesebrodt 2013, S. 16 ff.).

105 Das Gebet stammt von Holbach, Paul Heinrich Dietrich, Baron (1723–1789), französischer Philosoph deutscher Herkunft. Pseudonym Paul Thiry D'Holbach, abgedruckt in der Schrift Système de la nature (1770), zit. n. Mauthner 1923 bzw. 2011, 3, S. 138 f.

Ein anderes Beispiel ist das spöttische Gebet des preußischen Königs Friedrich des Großen (1712–1786): „Lieber Gott, wenn es einen gibt, habe Erbarmen mit meiner armen Seele, wenn ich eine habe“[106]

Der Deismus, das mechanistische Weltbild und die Vernunft tragen die Entchristianisierung bzw. Säkularisierung der Gesellschaft sowie die Trennung von Kirche und Staat. Dies ist die Weltanschauung und das Programm der Französischen Revolution[107]. Gegenüber den revolutionären Bewegungen setzte sich die Kirche zwar zur Wehr; durch die Säkularisierung verlor sie jedoch ihre Machtstellung und ihren materiellen Besitz

Wahrscheinlichkeitsgrad und Glaubenskonzept: In deistischem Denken ist die Existenz Gottes wahrscheinlich: P(Gott) > 50%. Der Deist glaubt an Gott und seine Erschaffung der Welt bzw. der Naturgesetze. Nach seiner Auffassung funktioniert seitdem die Welt durch sich selbst, d.h. Gott hat sich zurückgezogen. Die überlieferte religiöse Dogmatik, den darauf gründenden Klerus und vor allem dessen politischen Machtanspruch hält der Deist deshalb für unbegründet.

2.3.5 Religiöse Indifferenz, Agnostizismus

Eine religiös unbestimmte, unklare Haltung prägt den **Indifferenten bzw. Agnostiker**. Ihm sind religiöse Aussagen von untergeordneter Bedeutung, weil er glaubt, dass eine Entscheidung der Frage, ob es einen personalen Gott gibt oder nicht, nicht möglich ist. Er richtet sein Handeln nach den hier und jetzt gegebenen Umständen und seinen Interessen aus und fragt beileibe nicht nach metaphysischen Belangen. Religion ist für ihn Privatsache. Was andere darüber denken, ist deren Angelegenheit. Diese Weltanschauung entspricht der siegreichen Aufklärung des 19. Jhs., d.h. der Zeit nach der Entmachtung der Kirche bzw. der Säkularisierung und der Zeit der aufblühenden Wissenschaft (z.B. die Evolutionstheorie Darwins). Geprägt hat sie Kant (1724–1804) mit seiner Kritik der reinen Vernunft, insbesondere der Aussage in der 4. Antinomie, dass weder die Existenz Gottes noch die Nicht-

106 Zit. n. Mauthner 1923 bzw. 2011, 3, S. 323.

107 Barbour 2003, S. 60 ff., S. 62 f.

Existenz Gottes beweisbar ist[108]. Mit seiner Feststellung, dass Erkenntnis mit Gewissheit ausschließlich da möglich ist, wo sinnliche Erfahrungen vorliegen, also auf dem Feld der Erscheinungen, zu dem Gott per definitionem nicht gehört[109], wurde der Gottesgedanke aus dem Bereich möglicher Erkenntnis ausgeschlossen[110]. Die Destruktion der Metaphysik hinderte Kant allerdings nicht, den Begriff „Gott" als regulatives Prinzip[111], sozusagen als vernunftinterne Denkregel[112] beizubehalten. Kant teilt Religion und Wissenschaft zwei voneinander unabhängigen Denkbereichen zu. Der Bereich der Religion bzw. Theologie enthält alle Aussagen über Gott und die Offenbarung, d.h. transzendente und metaphysische Sätze. Wissenschaft hingegen ist der Bereich der Erfahrung, der methodologische Regeln empirischer Erkenntnis und Ergebnisse der Forschung, also Naturgesetze umfasst.[113] Beide Bereiche koexistieren nach dem Grundsatz gegenseitiger Nichteinmischung[114]. Mit seinem **„kategorischen Imperativ"** vollendet Kant außerdem die Emanzipation der Ethik von der Religion. In seinem Gedicht **„Edel sei der Mensch, hilfreich und gut…"** verleiht Goethe (1749–1832) der Eigenstellung der Ethik dichterischen Ausdruck. Ihr entspricht die Überzeugung, dass **sittlich reif (= mündig) ist, wer das Gute tut ohne religiöse Rechtfertigung.**

Der Höhepunkt der Vernunft-Philosophie Kants, d.h. insbesondere seine Widerlegung der klassischen Gottesbeweise markiert zugleich die tiefe Krise, in die der traditionelle Theismus im Bildungsbürgertum zum Ende des 18. Jhs. gefallen war. Sie brachte eine breite indifferente bzw. agnostische Glaubenshaltung mit sich. Ihren exemplarischen Ausdruck fand diese Krise u.a. in den Spinozismus-Sympathien Goethes, Herders und Lessings[115].

Wahrscheinlichkeitsgrad und Glaubenskonzept: Für den Indifferenten bzw. Agnostiker lässt sich weder beweisen, dass Gott existiert, noch, dass er nicht existiert: P(Gott) = P(-Gott) = 50%. Religion und

---

108 Kant-Werke 1968, Band 4, S. 434 ff.; Band 4, S. 563; Weischedel 1983, 1, S. 201.
109 Michel 1987, S. 206, 229.
110 Barth 2004, S. 271.
111 Kant-Werke 1968, Band 4, S. 563.
112 Michel 1987, S. 234.
113 Berg 2002, S. 162.
114 Onfray 2006, S. 24.
115 Barth 2005, S. 67 f.

Wissenschaft sind zwei voneinander unabhängige, aber gleichwertige Denkbereiche. Der Indifferente bzw. Agnostiker handelt ethisch mündig ohne religiöse Rechtfertigung.

2.3.6 Liberal-Religiöser Pragmatismus

Besonders deutlich zeigte sich die Theismus-Krise in Fichtes (1762–1814) Atheismus-Streit (1798/99). In seinem Aufsatz „Über den Grund unseres Glaubens an eine göttliche Weltregierung" (1798) begreift Fichte die moralische Weltordnung als das eigentlich Göttliche und das ethische Rechttun als dessen Glaubensbekenntnis[116]: „Jene lebendige und wirkende moralische Ordnung ist selbst Gott; wir bedürfen keines anderen Gottes, und können auch keinen anderen fassen"[117]. In dieser Auffassung führt Fichte den regulativen Gottesbegriff Kants weiter. Der traditionelle metaphysische Gottesbegriff ist damit unvereinbar[118].

Das Trauma der Französischen Revolution, der Aufstieg der Naturwissenschaften im 19. Jh. und der dogmatische Atheismus der sozialistischen Bewegung drängt die großen Religionen, vor allem den Katholizismus, in die Defensive. Sie beharren auf ihren Dogmen und lehnen auch kleinste Zugeständnisse an die kulturellen Neuheiten ab[119]. In dieser Situation greift Schleiermacher (1768-1834) in den religionskritischen Diskurs mit seinem epochemachenden Buch „Über die Religion. Reden an die Gebildeten unter ihren Verächtern" (1799) im Interesse einer Modernisierung der Religion ein. Mit der Abkopplung der Religion von der Metaphysik (Gott und Unsterblichkeit) einerseits und der Moral (kategorischer Imperativ) andererseits sichert er der Religion ein von der Philosophie unabhängiges Terrain.[120] „Ihr Wesen ist weder Denken (Metaphysik) noch Handeln (Moral), sondern Anschauung und Gefühl"[121], d.h. Anschauen des Universums und Sich-

116 Fichte (1798) in: Böckelmann 1969, S. 35.

117 Fichte a.O., S. 35.

118 S. hierzu die Diskussion bei Weischedel 1983, I, S. 225 ff.

119 Minois 2000, S. 515 ff.

120 Weinrich 2012, S. 87.

121 Schleiermacher zit. n. Weischedel 1983, S. 215 f. Die Begriffe „Anschauung und Gefühl" entstammen der Philosophie Fichtes (Hirsch 1984, S. 505 f.).

Ergreifen-Lassen von diesem Universum. Dabei steht das Universum begrifflich für das Absolute[122]. Religiöses Erleben vollzieht sich in der Beziehung zum Universum, ist gefühlsbetonte Anschauung des Unendlichen im Endlichen und umgekehrt[123]. Die traditionellen metaphysischen Begriffe für Gott und Unsterblichkeit sind gegenüber der Einheit von Anschauung und Gefühl sekundär[124]. Im Vordergrund steht der Mensch und seine religiöse Erfahrung, deren Wesen die Frömmigkeit, d.h. ein formales Gefühl der Abhängigkeit, beinhaltet[125]. Dieses Gefühl der Abhängigkeit hat eine Platzhalterfunktion bzw. manifestiert eine „Leerstelle", die von Schleiermacher bewusst offengehalten wird. Die Besetzung der Leerstelle, also die Klärung der Frage nach dem Woher dieser Abhängigkeit, entspricht einem grundlegenden Bedürfnis nach Sinn und bleibt der nachträglichen Reflexionsleistung der religiösen Subjekte überlassen[126]. Dabei spielt der Gottesgedanke im Hinblick auf seine geschichtliche Tradition eine wichtige Rolle, ist aber nicht das einzige mögliche Interpretament[127]. Diese subjektivitätstheoretische Glaubenskonstitution Schleiermachers durchzieht als Begründungsmuster alle als liberal bezeichneten Religionsmodelle der protestantischen Theologie[128]: Herrmanns Erlebnis des inneren Lebens Jesu, Harnacks Ewigkeitswahrnehmung, Troeltschs absolute Substanzbeziehung – sie alle denken das religiöse Erleben strukturell als ein außerhalb seiner selbst ausgelöstes Erfassen einer transzendenten Dimension der Wirklichkeit[129]. In seiner Phänomenologie des Heiligen bzw. des Numinosen nimmt auch Otto darauf Bezug, insofern er das Heilige minus seines sittlichen Momentes (Moral) und minus seines rationalen Momentes (Vernunft) untersucht[130]. Er schließt zwar an Schleiermacher an, kritisiert jedoch dessen Begriff des Gefühls der Abhän-

122 Schleiermacher zit. n. Weischedel 1983, S. 217.

123 Barth 2004, S. 277 f.

124 Glatz 2010, S. 217.

125 Glatz 2010, S. 294, 298; Schleiermacher/Schäfer 2003, §§ 3 und 4; Zahrnt 1966, S. 43.

126 Glatz 2010, S. 218.

127 Glatz 2010, S. 298 f.; Schleiermacher/Schäfer 2003, § 33.

128 Barth, U. 2005, S. 83; ders. 2004, S. 287 f.

129 S. Lauster 2008, S. 295.

130 Otto 1979, S. 6.

gigkeit[131], den er durch den Begriff des „Kreaturgefühls" ersetzt. In seiner Konzeption kommt das Heilige bzw. das Numinose in zwei Grundgefühlen, *Mysterium tremens* und *Mysterium fascinans*, zum Ausdruck, die sich nicht genauer definieren lassen[132]. Mit seinem grundlegenden Begriff der „transzendenten Erfahrung", dem auch ein „anonymes und unthematisches Wissen von Gott", also „Gotteserfahrung" anhaftet, nimmt auch der katholische Theologe Rahner auf Schleiermacher Bezug[133].

Die liberale Theologie (begrifflich weit gefasst)[134] bestimmt seit Schleiermacher als **paradigmatische Leittheologie** das protestantisch-theologische Denken bis in unsere Tage. Ihre zentralen Motive sind

- Verständnis der Religion als subjektives Erleben
- Unterscheidung von Erleben und Deutung
- Freiheit zu kritischer Aufklärung über religiös-dogmatische Ausdrucksformen
- Ethik als Kulturdisziplin.[135]

Sie legitimiert eine Frömmigkeit, deren Hauptkennzeichen religiöse Autonomie ist. Dabei ist der Glaubensausdruck frei und variabel. Er richtet sich nicht nach biblischen, dogmatischen, kirchlichen oder lehrmäßigen Bestimmungen, sondern bleibt der persönlichen Gewissheit, der Erfahrung und dem Engagement der Glaubenden überlassen[136]. Gott ist im Inneren des Menschen gegenwärtig und wird erahnt im religiösen Bewusstsein[137]. **Seine Vorstellung ist unscharf**, wie seine begriffliche Konkretisierung als **„Gott, der ganz Andere"** bei Karl Barth (1886–1968)[138] erkennen lässt. Die vor allem als Neukonstruktion der christlich-dogmatischen Identität von Karl Barth vorgetragene dogmatische Konzeption der „dialektischen Theologie" bzw. besser „Wort-Gottes-Theologie" (kerygmatische Theologie) erweist sich im

131 Otto, a.O. S. 9 ff., S. 23 f.
132 Otto a.O., S. 7, 13 ff. und 42 ff.
133 Rahner 1984, S. 31 ff.; Hübner 2006, S. 177, 205.
134 Birkner 1976, S. 34 f. 39.
135 Frei nach Lauster 2008, S. 294 ff.
136 Gräb 2009, S. 14 f.
137 Jacobs 1991, S. 50, 56 f.
138 K. Barth 1922, S. 47, Fussnote 4: Der Ausdruck „Gott, der ganz Andere" nimmt auf Otto (1917) 1979, S. 28 ff., insb. S. 31 Bezug.

historischen Rückblick als Variante der liberalen Theologie[139]. Seine unhistorische Berufung auf die biblische Offenbarung, welche die Kritik der Aufklärung, aber auch die liberale subjektivistische Neubestimmung der Religion negiert, bezieht angesichts der seitherigen faktischen Vielgestaltigkeit theologischer Konzeptionen und im Hinblick auf ihre bloße Setzung gerade dadurch subjektivistisch, d.h. im Sinne liberaler Theologie Position[140]. Angesichts einer Gemeinde, die aus 95 % Kasualchristen besteht[141], ist die liberale Theologie eine der wesentlichen Stützen des Fortbestandes protestantisch-kirchlicher Religiosität[142].In der katholischen Kirche konnte sich der Liberalismus wegen des dort vorherrschenden Antimodernismus als geistige Bewegung nicht etablieren[143].

Die theologische Reaktion auf die Religionskritik der Aufklärung, die Schleiermacher Anfang des 19. Jhs. mit seiner Abkoppelung der Religion von Offenbarung und Moral (s.o.) paradigmatisch vorgeprägt hat, hatte nicht nur die liberale Theologie des 19. Jhs. zur Folge[144]. Sie entwickelte im 20. Jh. ausgehend von und in der Tradition der liberalen Theologie stehend, aber auch unter Bezugnahme auf die Existenzphilosophie Heideggers, erkennbar zwei Linien:

Die eine Richtung versucht die – beibehaltenen – religiösen Werte durch deren sprachliche Modernisierung in die Probleme der modernen Welt einzupassen. Den wichtigsten Beitrag hierzu lieferte **Bultmann** (1884–1976) mit seinem **Programm der Entmythologisierung des Neuen Testamentes** einschließlich des historischen Jesus. Sein Konzept ist eine hermeneutische Interpretation des Mythos auf existentialphilosophischer Grundlage, d.h. eine **existentiale Interpretation.**[145] Inhaltlich hat die Mythologie des Neuen Testaments nach Bultmann den Sinn, die Bedeutsamkeit der historischen Gestalt Jesu und seiner Geschichte als Heilsgestalt und Heilsgeschehen in kosmischen Dimensionen zum Ausdruck zu bringen[146]. Der entmythologisierte

139 Graf 1993, S. 8.
140 Vgl. Ruddies 1993, S. 201 ff.; Schröder 1996, S. 8 f.; Bartley 1964, S. 72 ff.
141 Gräb 2009, S. 3.
142 Gräb a.O.
143 Conzemius 1991, S. 72.
144 Barth, U. 2004, S. 262.
145 Bultmann (1941), 1985, S. 7; Zahrnt 1966, S. 283.
146 Bultmann (1941), 1985, S. 57 ff.; Zahrnt 1966, S. 300 f.

historische Kern dieser Geschichte ist das Kreuz und die Auferstehung als Ursprung und Gegenstand des Glaubens.[147] **Dieser wird für uns bedeutsam in seiner Verkündigung, d.h. im Kerygma[148] und damit im Ereignis der Predigt.**[149] Ihr obliegt es, uns als Menschen im Licht des göttlichen Offenbarungshandelns in unseren konkreten existentiellen Lebensbedingungen neu zu verstehen.[150] Dazu bedarf es einer Predigt, die auf die konkrete existentielle Situation des Redenden oder Angeredeten Bezug nimmt. Von Gott und seinem Handeln kann man somit nur reden, wenn man zugleich vom Menschen und seiner Existenz redet.[151] Das Göttlich-Transzendente ist nach dieser Konzeption nicht jenseitig, sondern in der diesseitig-sichtbaren Welt verborgen[152]. Damit wird der Glaube an Gott zu einem subjektiven Erleben des existierenden Menschen[153]. Gleichwohl bleibt die Offenbarung Gottes in Jesus Christus eine historische Tatsache, die dem Glauben seine Richtung verleiht [154].

Die andere Richtung der liberalen Theologie betrachtet die Religion als ein zu überwindendes geschichtliches Übergangsstadium und forciert eine **pragmatisch-ethische Denkhaltung**, die in der zeitgenössischen „Gott-ist-tot"-Theologie gipfelt[155]. Mit der Krise der Metaphysik hat die orthodoxe bzw. katholische religiöse Sinnformel („Wer religiös ist, handelt ethisch gut bzw. prosozial" und „Wer ethisch gut handelt, kommt in den Himmel") ihre Basis verloren. Nunmehr steht in Frage, ob es gelingt, prosozial zu handeln, ohne religiös zu sein bzw. ohne sein Leben von der Willkür und Gnade einer personalen Gottheit (oder besser eines Klerus) abhängig zu sehen[156]. Ein zentrales Konzept zur Klärung dieser Frage stellt das **religionslose Christentum** Dietrich

147 Bultmann (1941), 1985, S. 61; Zahrnt 1966, S. 300.

148 Bultmann (1941), 1985, S. 61 ff.; Zahrnt 1966, S. 302: Kerygma heißt übersetzt Heroldsruf, Botschaft, Proklamation, Zeugnis, Predigt.

149 Bultmann (1941), 1985, S. 63; Zahrnt 1966, S. 302.

150 Zahrnt 1966, S. 304.

151 Zahrnt 1966, S. 304.

152 Zahrnt 1966, S. 310.

153 Zahrnt 1966, S. 305.

154 Zahrnt 1966, S. 306.

155 Weinrich 2012, S. 263.

156 Ratschow (1980) konstatiert mit Bezug auf die Ethik Nikolai Hartmanns (*Ethik*, 1925) in der modernen Welt einerseits einen Zerfall der Frömmigkeit, andererseits eine Emanzipation der Sittlichkeit (Ethik)(a.O., S. 46). Den säkularen Ethik-

Bonhoeffers (1906–1945) dar. Grundlegend ist für ihn die Erkenntnis, dass der in seinem Denken autonom gewordene moderne Mensch mündig handelt, er aber trotzdem vor Gott steht: **„Vor und mit Gott leben wir ohne Gott“**[157]. Angesichts des undefinierbaren Gottes: **„Einen Gott, den „es gibt“, gibt es nicht“**[158], stellt er das tätige Christentum und die Nachfolge von Jesus Christus als Teilhabe am Leiden Gottes in der Welt in den Mittelpunkt seiner Ethik. Bonhoeffer betont die Diesseitigkeit des Christentums und fordert eine nicht-religiöse Interpretation der Bibel[159]. Die Transzendenz Gottes ist nicht im Jenseits, sondern im Diesseits zu suchen[160]. Der moderne mündig gewordene Mensch kann seine Probleme ohne die Arbeitshypothese „Gott“ lösen[161]. Eine ähnliche Position vertritt Sölle (1929–2003) mit ihrer zentralen Forderung **„Orthopraxie statt Orthodoxie“**[162]. Die von der Religion gelöste Ethik verlangt nach einer areligiösen bzw. philosophischen Legitimierung ethischen Handelns. Exemplarisch steht dafür **Dworkins** Konzept einer **„Religion ohne Gott“**[163]. Es fußt auf einer undefinierbaren numinosen Gefühlswelt, die als Ziel und Methode in religiöser Meditation, im Kunstgenuss und bei der Betrachtung von Naturwundern eine religionsähnliche Glückseligkeit und das Gefühl existentieller Geborgenheit hervorrufen kann. Diese kann auch als Ausdruck kultureller Identität verstanden werden, die gerade im Verlust von Kulturdenkmälern[164] bedeutsam wird. Als Kronzeugen dieser Lehre benennt Dworkin (1931–2013) den Physiker Einstein (1879–

Systemen wirft er darüber hinaus vor, dass sie mit der Setzung eines Sinngrundes allen menschlichen Daseins (S. 47) selbst wiederum ein religiöses System, freilich ohne Namen, Ort und Mächtigkeit einer Gottheit bzw. eines Dämons zu benennen (S. 48), konstruieren. Der Autor ist offensichtlich nicht in der Lage, den Sinngrund der Welt ohne die Wirkmächtigkeit eines personalen (!) Gottes zu denken. Nur so ist es zu erklären, dass Ratschow den Zerfall des Glaubens durch eine Neubesinnung auf eben diesen Glauben aufhalten will (a.O. S. 77).

157 Bonhoeffer (1944), 1990, S. 191.

158 Bonhoeffer (1931) 1988, S. 112.

159 Bonhoeffer (1944), 1990, S. 190; Zahrnt 1966, S. 205.

160 Zahrnt 1966, S. 206.

161 Bonhoeffer (1944), 1990, S. 191.

162 Sölle 1968 bzw. 1983, S. 79.

163 Dworkin 2013.

164 S. ganz aktuell die Zerstörung von Buddha-Statuen in Afghanistan sowie die Zerstörungen in Palmyra und Timbuktu (Mausoleen) durch den sog. IS.

1955)[165]. In der Reihe dieser Denker steht auch **Tillich** (1886-1965). Er lehnt den personalen Gott der traditionellen Theologie bzw. des theologischen Theismus ab, „von dem Nietzsche den Mörder Gottes sagen lässt, dass er getötet werden musste, weil niemand ertragen kann, zu einem bloßen Objekt absoluten Wissens und absoluter Beherrschung gemacht zu werden"[166]. Stattdessen konzipiert er einen **„Gott über Gott"**, der zwar nicht theologisch definiert werden kann, der aber dennoch in allem Seienden wirksam ist. Er ist erfahrbar in der „Macht des Seins"[167]. Um seine Erfahrung zu ermöglichen, postuliert Tillich eine Kirche, die sich in Verkündigung und Andacht zu ihm erhebt. Das könne nur eine Kirche sein, „die den Gekreuzigten predigt, der den Gott anrief, der Gott blieb, nachdem der Gott des Vertrauens ihn in dem Dunkel der Verzweiflung und der Sinnlosigkeit verlassen hatte"[168]. Dieses Symbol betrachtet Tillich als Beleg dafür, dass das Christentum die einzige Religion sei, die den „objektiv wahren Glauben" repräsentiere, ein Anspruch, der allerdings nicht aufrechtzuerhalten ist[169].

In die Mitte des 19. Jhs. fällt das wichtigste religionskritische Ereignis des Abendlandes, nämlich die Entwicklung der Evolutionstheorie durch Darwin (1809–1882). Seine Konzeption stellt die biblische Genesis, die Annahme eines Schöpfungsplanes, den einzigartigen Status des Menschen und die christliche Ethik fundamental in Frage[170]. Damit verliert auch der deistische Gottesbegriff (Uhrmachergott) seine Plausibilität[171]. Nicht nur das: Das evolutionistische Paradigma erweitert das mechanistische Weltbild[172].

Insgesamt gesehen legitimieren die liberal-religiösen Glaubenslehren eine eher skeptische Glaubenshaltung[173]. Vermutlich angestoßen

---

165 Einstein (1934), 1966, S. 10; s.a. Dworkin 2013, S. 13.

166 Tillich 1950, in Baumotte 1980, Bd. 2, S. 157.

167 Tillich 1950, in Baumotte 1980, Bd. 2, S, 160.

168 Tillich 1950, in Baumotte 1980, Bd. 2, S. 159.

169 Vgl. Bartley 1962, S. 82 ff., insb. S. 84 ff.

170 Barbour2003, S. 87 ff.

171 Darwin selbst bekannte sich in seinem späteren Leben zunächst zum Deisten und dann zum Agnostizismus (Barbour 2003, S. 89).

172 Mortensen 1995, S. 87 ff., S. 146 ff. entwirft ein „evolutionäres Epos" komplementär zum christlichen Schöpfungsmythos.

173 Kamleiter 2016, S. 292.

durch den Fortschritt der Naturwissenschaft sinkt entsprechend die subjektive Wahrscheinlichkeit der Existenz Gottes unter die 50%-Quote: P(Gott) < 0,5. Während sich im Denken des liberalen Gläubigen die Bedeutung des religiös-theoretischen Überbaus relativiert, rücken im Handeln ethische Regeln in den Vordergrund, die religiösen Vorschriften freilich nicht notwendigerweise widersprechen müssen. Er befindet sich damit im Einklang mit der **pragmatischen Philosophie**, die Ende des 19.Jhs. aufkam und Theorien bzw. Ideologien u/o Religionen weniger als Deutungen der Realität, sondern hauptsächlich in ihrer Funktion zur Bewältigung praktischer Lebensprobleme anerkennt[174]. In kritischer Absicht attestiert Bartley[175] dieser ganzen Denkrichtung mit ihren gescheiterten Versuchen, den christlichen Glauben auf das historische Wissen von Jesus[176] zu gründen, und im Hinblick auf die Konzeptionen von Barth und Tillich ein **irrationales Glaubensengagement**[177].

Wahrscheinlichkeitsgrad und Glaubenskonzept: Die Existenz eines personalen Gottes ist im Denken der dargestellten liberalen Theologen wenig wahrscheinlich: P(Gott) < 50%. Die Basis ihrer Glaubenshaltung ist ein subjektives religiöses (numinoses) Erleben. In diesem Gefühl handelt der liberal-religiös Glaubende ethisch-pragmatisch, im Einklang mit religiösen Werten, die auf Jesus Christus fußen. Sein Gottesbegriff ist unscharf. Ethische Argumente haben für ihn Vorrang.

2.3.7 Christlicher bzw. religiöser Existentialismus

Als Vorgänger und einer der wichtigsten Vertreter der **existenzphilosophischen** Denkrichtung lässt sich Kierkegaard (1813–1855) einordnen. Er hat den Begriff der Existenz als inneres Seinserlebnis geprägt, welches im Mittelpunkt des Denkens steht[178]. Getreu seinem Motto

174 Vaihinger (1877), 1911 für den deutschen Pragmatismus (Ceynowa 1993 S. 22); Peirce 1878 und James 1906 für den amerikanischen Pragmatismus.

175 Bartley 1962, Buchtitel: The retreat to commitment. Dt.: Flucht ins Engagement.

176 S. Schweitzer (1906) bzw. 1984, der die liberale Leben-Jesu-Forschung einer Fundamentalkritik unterzog.

177 Kritisch hierzu Pannenberg 1973, S. 45 ff.

178 Pieper 2014, S. 38 ff.

„Wahrheit ist Subjektivität“[179] ist es sein Ziel, in ein existentielles Verhältnis zu Gott zu treten, das nicht durch die Vernunft, sondern nur im Glauben geschehen kann[180]. Dies kann gelingen im Durchschreiten dreier Phasen, dem ästhetischen Stadium, d.h. dem Leben in der Unmittelbarkeit der sinnlichen Empfindung, dem ethischen Stadium, in dem er sich auch als transzendentes Wesen bewußt wird und dem religiösen Stadium, in dem er seine Existenz vor Gott im Glauben erkennt und annimmt.[181] Da er in Gefahr ist, seinen transzendenten Seinsgrund aus den Augen zu verlieren, muss er den Sprung in den Glauben immer wieder wiederholen. Nur im Augenblick des Glaubens befindet sich das Selbst im richtigen Verhältnis zu sich und zu seinem Existenzgrund[182]. Ähnlich konkretisiert Gabriel Marcel (1889–1973) eine christliche Mystik, deren Gottesbegriff im Denken des jeweiligen konkreten Individuums ganzheitlich aufgeht und keine allgemeingültige, demonstrierbare Objektivität beansprucht.[183] Beide Denker bevorzugen der Wahrheit gegenüber eine subjektive Haltung, die in leidenschaftlicher Innerlichkeit gipfelt, die Suche nach objektiver Wahrheit jedoch ausblendet[184]. In neuerer Zeit entstehen zeitweise sektenartige Gruppen, die sich um eklektizistische religiöse Konstrukte scharen, die ohne Anspruch auf eine allgemeinverbindliche Annahme der Existenz Gottes aus Teilen verschiedener religiöser Traditionen zusammengebastelt (Bastelreligionen) werden. Streng genommen glauben sie nicht im starken Sinne an Gott, sondern an den Glauben an Gott.[185]

Die Grundlage der Existenzphilosophie ist die Erkenntnis, dass unser weltanschauliches Denken unsere Konstruktion, also subjektiv geprägt ist. Die **Existenzphilosophie** Heideggers (1889–1976) unterscheidet Sein und Seiendes, zwischen denen eine ontologische Differenz besteht. Das Seiende ist das In-der-Welt-Sein, ist Existenz. Das Sein hingegen ist das wahre Subjekt allen Geschehens. Es entzieht sich menschlicher Definitionsmacht. Der Sinn des Seins wird im Seienden,

---

179 Hübner 2006, S. 39.
180 Mackie 1985, S. 339.
181 Pieper a.O., S. 60 ff.
182 Pieper a.O., S. 61.
183 Hoefeld 1956, S. 124.
184 Albert 1979, S. 217 ff.
185 Dennett 2016, S. 248 ff., insb. S. 267.

im Dasein, in geschichtlich je verschiedener Weise konstituiert. Das Sein bzw. die Seinsfrage blieb in der bisherigen Metaphysik unbeachtet und deswegen vergessen[186]. Der metaphysische Gott der Theologie als *summum ens* bzw. *causa sui* ist im Grunde nur eine Hypostasierung einer bestimmten, einseitigen und epochal-geschichtlichen Seinsauffassung, die dem Sein nicht gerecht wird[187]. Zur Überwindung der Seinsvergessenheit, d.h. das Sein in seiner Wahrheit zu sagen und nicht es wie ein Seiendes aus Seiendem zu erklären[188] verlangt Heidegger in seiner „Kehre" einen radikalen Neuanfang[189]. Im Zusammenhang mit Interpretationen der Dichtung Hölderlins räumt Heidegger die Möglichkeit eines neuen Erscheinens des Gottes bzw. der Götter ein[190]. Seine Gedanken über die Möglichkeit eines „göttlichen Gottes" verschwimmen jedoch ins Vage einer adventistischen Erwartung[191] oder m.a.W. einer geringen „subjektiven" (i.e.S.) Wahrscheinlichkeit: $P(G) < 0{,}25$.

Der Existenzphilosoph Jaspers (1883–1969) lehnt Gott nicht grundsätzlich ab, wehrt sich aber gegen dogmatische Gottesvorstellungen, wie sie von den etablierten Religionen vertreten werden[192]. Wie das Sein zum Seienden, verhält sich die Transzendenz zur Existenz. Ihrem Wesen nach ist die Transzendenz ein unbestimmbares Geheimnis, das sich höchstenfalls in „*Chiffern*" ausdrücken lässt. Sie wird in den menschlichen Grenzsituationen (Tod, Leiden, Schuld) existentiell erfahren. Diese Erfahrungen artikulieren sich in der Gestalt eines philosophischen Glaubens. Dessen Inhalte (*Chiffern*) sind geschichtlich geprägt und beanspruchen keine das menschliche Leben bestimmende und Gehorsam verlangende Definitionsmacht. Ebenso sind die Vorstellungen von Gott Symbole, sind geschichtlich, sind immer auch unangemessen.[193]

186 Weischedel 1975, S. 276 ff.; 1983, 1, S. 461.

187 Thurnher 2011, S. 184.

188 Thurnher 2011, S. 185.

189 Heidegger 1949, S. 17.

190 Heidegger 1977, S. 269, Randnr. 248; Neuenschwander 1977, Band 2, S. 215.

191 Weischedel 1983, 1, S. 492 ff., S. 494; s.a. Safranski 2013, S. 347 f.; Neuenschwander 1977, Band 2, S. 216; Heidegger 1977, S. 270, Randnr. 249; Thurnher 2011, S. 190, 191.

192 Jaspers 1974, S. 30 f.; Weinrich 2012, S. 199 ff.

193 Jaspers 1955, S. 212.

Wahrscheinlichkeitsgrad und Glaubenskonzept: Der christliche bzw. religiöse Existentialist glaubt an den Glauben. Er hält den Begriff „Gott" für eine sehr wichtige weltanschauliche Kategorie, blendet die Suche nach der objektiven Wahrheit jedoch aus. Die Existenz Gottes ist für ihn eine vage Annahme: P(Gott) < 25%.

2.3.8 Atheismus

Im Unterschied zu Schleiermachers Alleinstellung der Religion beschreitet Hegel (1770–1831) zur Bewältigung der Theismus-Krise den umgekehrten Weg, indem er Theologie und Philosophie in eins setzt und als Aufgabe dieser theologischen Philosophie die Explikation Gottes, des absoluten Weltgeistes, setzt[194]. An die Stelle des personalen (biblischen) Gottes tritt der Weltgeist, der die gesamte Wirklichkeit zusammenhält und bewegt. Die Entwicklung des Ganzen ist zu verstehen als ein dialektischer Prozess, der vom Weltgeist angestoßen wurde und in der philosophisch-religiösen Geschichte des (europäischen) Menschen sich selbst bewusst wird. Damit wird die Vernunft, die in der Aufklärung als geschichtslos gedacht wurde, in einen geschichtlichen Zusammenhang eingefügt.[195] Hegels Weltgeist als ein im menschlichen Geist zu sich kommendes göttliches Wesen[196] ist somit spekulativ von einem homozentrischen Weltbild geprägt.[197] Seine Philosophie der Identität von Vernunft und Wirklichkeit geht von der Annahme aus, die physische Wirklichkeit sei ihrem Wesen nach vernünftig und entwickle sich nach dem Prinzip der Dialektik[198]. Karl Marx kehrte sie um: Es ist nicht das Bewusstsein der Menschen, das ihr Sein, sondern umgekehrt ihr gesellschaftliches Sein, das ihr Bewusstsein be-

194 Weinrich 2012, S. 59.

195 Neuenschwander 1977, Band 1, S. 15.

196 Ähnlich dem „Lichtblick" Schellings: „Die Natur schlägt im Menschen die Augen auf und bemerkt, dass sie da ist" (Heidegger, zit.n. Safranski 2013, S. 229 und 410).

197 Kamleiter 2016, S. 75.

198 Popper (1940), 1972, S. 279: Hegel brachte die Dialektik bzw. die dialektische Triade als wichtigstes Denkprinzip in die Philosophie ein.

stimmt[199]. Dieser Satz ist ein grundlegendes Dogma des dialektischen Materialismus[200] bzw. des Kommunismus.

Der Atheismus hat eine lange Geschichte und ist schon in der Antike nachweisbar (z.B. bei Xenophanes, ca. 570–ca. 470 v. Chr.)[201]. Die erste systematische Fundamentalkritik am Gottesglauben[202] stammt von Feuerbach (1804–1872), der alle Aussagen über Gott als Projektion des Menschen betrachtet, da er in der Anbetung Gottes sich selbst und seine eigenen Wünsche meint[203]. Insofern bezeichnet Feuerbach allerdings nur den projektiv beschriebenen personalen Gott als menschengemacht, lässt aber die Frage offen, ob es nicht-projektive Aussagen über Gott, d.h. eine ideologiefreie, auf ihr wahres Wesen reduzierte Religion geben könne[204]. Freud (1856–1939) bezeichnet die Religion als eine Illusion, deren unbeweisbare, aber auch unwiderlegbare Lehren aus menschlichen Wünschen bzw. aus infantilen Emotionen und Ängsten abgeleitet sind[205], die ein reifer, zu einer realistischen Weltsicht bereiter Mensch überwinden sollte.[206] Eine radikalere Ablehnung des Gottesglaubens zeigt Nietzsche (1844–1900) in seiner berühmten Feststellung, dass Gott tot sei.[207] Das Wort ist soziologisch zu verstehen und meint eigentlich, dass nahezu niemand mehr an die Existenz eines personalen Gottes glaubt. Nietzsche folgert, dass nicht mehr der theistisch-moralische Gott, sondern der Mensch die Geschicke der Menschen bestimmt. Dazu braucht es den Übermenschen und dessen Willen zur Macht [208]. Die Frage, ob es einen neuen Gott geben könne,

---

199 MEW 1971, 13, S. 9.

200 Popper (1940), 1972, S. 283.

201 Weischedel 1983, 2, S. 158 ff.

202 Küng 1995, S. 245.

203 Feuerbach (1841), 2011, S. 340.

204 Weischedel 1983, 1, S. 409, 436; Hoerster 1985, S. 168; Buggle 1992, S. 266.

205 Nach Freud ist Gott nichts anderes als ein „erhöhter“ Vater (1983, S. 151). Nach seiner Auffassung leiten sich diese infantilen Emotionen und Ängste aus einem Zusammenspiel aus Totemismus und Ödipus-Komplex, dem Kern aller Neurosen, ab (Freud 1983, S. 150 ff, S. 159; s.a. Weinrich 2012, S. 156 ff.).

206 Hoerster 1985, S. 167; Freud, in: Hoerster 1985, S. 179.

207 Weischedel 1983, 1, S. 434 ff.

208 Weischedel 1983, 1, S. 455.

lässt Nietzsche ausdrücklich offen[209]. In gesellschaftskritischer Analyse unterstellt Karl Marx (1818–1883) mit Feuerbach den Religionen und insbesondere den etablierten Kirchen, dass sie politische und gesellschaftliche Veränderungen zugunsten einer Emanzipation der einfachen Menschen verhindern wollen. Feuerbach fordert dazu auf, die auf die Gottheit projizierten Wünsche hier und jetzt für den Menschen einzusetzen und damit paradiesische Zustande zu schaffen oder zumindest die menschliche Existenz erträglicher zu machen. Diese „Menschwendung" der religiösen Projektion enthält freilich auch ein Heilsversprechen, das wegen seiner religiösen Herkunft den Keim einer Ersatzreligion[210] in sich trägt. Marx übersteigt den Atheismus Feuerbachs, indem er das Selbstbewusstsein des Menschen nicht mehr durch die Aufhebung der Religion vermittelt sieht: *Religion ist Opium des Volkes*[211]. „Die Philosophen haben die Welt nur verschieden *interpretiert*; es kömmt darauf an, sie zu *verändern*."[212] Der Sozialismus gründet auf dem theoretisch und praktisch sinnlichen Bewusstsein des Menschen und der Natur als des Wesens[213]. Diese Sichtweise legitimiert freilich auch einen dogmatischen Atheismus, der sich durch weitgehende Ablehnung von allem Religiösen auszeichnet[214]. Dem entspricht die Auffassung von Marx, aber auch von Freud, dass sich die Religion nach Feuerbach überlebt habe, und sich mit der Zeit von selbst erledigen werde[215]. Dennoch: Gott ist für den Atheisten zwar tot, aber (um im Bild zu bleiben) noch nicht beerdigt. Da sich die Ausbeu-

209 Weischedel 1983, S. 456 f. In seinem berühmten Dialog „Über Religion" legt Schopenhauer seiner Figur Demopheles folgendes in den Mund: „Vielleicht ist in allen Religionen das Metaphysische falsch, aber das Moralische ist in allen wahr" Schopenhauer 1986, Band V, S. 402.

210 Vgl. Schmidt-Salomon o.J.

211 Ehlen 1961, S. 206; Gollwitzer 1967, S. 21, S. 23 ff.

212 K. Marx 1888, bzw. Fetscher 1966, S. 141 (These 11); Gollwitzer 1967, S. 21 f.: Die Verneinung der Religion ist bei Marx nicht Selbstzweck, sondern aus dem praktischen Interesse an der Veränderung dieser Welt zu einer menschlichen zu erklären.

213 Weischedel 1983, S. 414.

214 Ehlen 1961, S. 168: „Die Klassiker des Marxismus hatten kritiklos den Atheismus ihrer Umgebung übernommen, ohne selbst ernsthaft nach dem objektiven Wahrheitsgehalt der Religion zu fragen". S.a. Brugger 1980, S. 113.

215 S. Weinrich 2012, S. 154 (Freud), 146 (Marx); Marx 1844 bzw. Fetscher 1966, S. 17.

ter weiterhin seiner bedienen, existiert er noch immer. Daher müssen in dieser Sichtweise die historischen Voraussetzungen beseitigt werden, die ihn, Gott, hervorgebracht haben[216].

In der Zeit des politischen Atheismus, aber nicht nur dadurch bedingt, ereigneten sich beispiellose wissenschaftliche und technische Entwicklungen. Da sind, um nur die spektakulärsten zu nennen, einmal die Einsteinsche Relativitätstheorie und die Atomphysik, zweitens die Weltraumforschung und die Astronautik, drittens die Informatik, viertens die Entwicklung der Biochemie, Mikrobiologie und Humangenetik und fünftens die Palaeontologie und Plattentektonik anzuführen. Die hiermit verbundene Entzauberung der Welt kann für die – zumal religiöse – Weltanschauung nicht folgenlos bleiben. Dies beweist allein schon der Blick vom Weltraum aus auf die Erde, d.h. Gottes Blick auf „seine“ Welt! (s. Abb. 4).

Trotz des Scheiterns des atheistischen Sozialismus[217] bleibt die Fundamentalkritik an der Gotteshypothese bestehen. Nicht nur die Entwicklung des wissenschaftlichen Fortschritts, auch die Erfahrung des Holocaust gibt Anlass zu religionskritischen Diskussionen. Insgesamt bleibt die Überzeugung, dass weitaus mehr Argumente gegen die Annahme der Existenz eines Gottes sprechen als dafür.[218]

Wahrscheinlichkeitsgrad und Glaubenskonzept: Der Atheist hält die Existenz eines Gottes für nahezu völlig unwahrscheinlich: P(Gott) < 10%. Religion ist für ihn Ausdruck einer Fehlinterpretation bzw. einer Projektion menschlicher Wünsche auf Gott. Die soziale Situation der Menschen kann nach seiner Meinung nur hier und jetzt durch den Menschen selbst verbessert werden. Dafür gilt es den Einfluss der Religion im Interesse der Emanzipation des Menschen zurückzudrängen [219].

216 Minois 2000, S. 554; Ehlen 1961, S. 206 ff.

217 Das Zeitalter des Sozialismus dauerte von 1917 (Oktoberrevolution) bis zum ruhmlosen Untergang der kommunistischen Staatsidee in der sanften Revolution von 1989, d.h. dem Ausbleiben des erhofften Paradieses.

218 Mackie 1985, S. 402.

219 Ehlen 1961, S. 202.

2.3.9 Atheistischer Existentialismus, Evolutionärer Humanismus

Parallel zu der Entwicklung des Atheismus und der Existenzphilosophie findet mit Beginn des 20. Jhs. eine noch nie dagewesene **Hochentwicklung in Wissenschaft und Technik** statt. Auf der Seite der Wissenschaft seien hier die Atomphysik, die Astronomie, die Kommunikationswissenschaft und die Humangenetik, auf der Seite der Hochtechnologie der Bau der Atombombe, die Astronautik, die elektronische Datenverarbeitung und die Gentechnik genannt. Nicht nur gelingt es dem Menschen inzwischen, die Welträtsel zu lösen – er ist nun auch in der Lage, nahezu alles, was er sich vorgenommen hat, Realität werden zu lassen. Das damit einhergehende Gefühl einer unbegrenzten Machbarkeit hat auch weltanschauliche Folgen. So tritt vor allem die Bedeutung theologischen Denkens und Glaubens und damit auch die Frage der Existenz Gottes zunehmend in den Hintergrund. In diesem Zusammenhang sind vor allem zwei Weltanschauungen zu nennen, einmal der französische Existentialismus und zweitens der angloamerikanische „evolutionäre Humanismus":

Eine Weltanschauung ohne jeden Gottesbezug ist der **Existentialismus** von Sartre (1905–1980) und Camus (1913–1960). Beeinflusst von der Existenzphilosophie Heideggers suchen beide Philosophen eine Sinnbestimmung menschlichen Lebens jenseits der Religion. Sartre geht davon aus, dass der Mensch zuerst existiert und sich erst dann definiert: *L'existence precède l'essence*[220]. Dabei kann er nicht auf irgendwelche Verlässlichkeiten zurückgreifen. Er ist nichts anderes, als wozu er sich macht, er ist sozusagen zur Freiheit verurteilt[221]. Camus begreift das Leben als unbegründet und unbegründbar, als absurd. Der Mensch ist dazu verdammt, angesichts der wahrgenommenen Absurdität sich selbst einen Sinn zu definieren und danach zu leben. In Ausnutzung des gerade Möglichen ist der Kampf gegen das Leiden die eigentliche Legitimation für das Leben, auch wenn der Erfolg fraglich ist. Seine Situation ist vergleichbar dem Mythos des Sisyphos, der auf

---

220 Sartre (1946), dt. 2016, S. 116.

221 Weinrich 2012, S. 175 ff.; Neuenschwander 1977, Band 2, S. 155; Safranski 2013, S. 396 f.

ewig stets von neuem einen Felsbrocken einen Berg hinaufschiebt, von dem er kurz vor dem Ziel wieder hinunterrollt[222].

Der **Evolutionäre Humanismus** ist eine Weltanschauung, nach der religiöses Denken historisch überholt und obsolet ist und für das Zusammenleben der Menschen geradezu schädlich ist. Die Ablehnung der Gotteshypothese[223] wird von Dawkins (geb. 1940) besonders spektakulär in seiner Diagnose „Gotteswahn"[224] zur Geltung gebracht. An die Stelle der Religion setzt Dawkins das Evolutionsparadigma, das er nicht nur auf die Natur, sondern in Gestalt der Meme (der Begriff „Mem" versteht sich analog dem Begriff „Gen" als Vererbungseinheit) auch auf die Geschichte des menschlichen Geistes überträgt[225]. Die uralten Fragen der Menschheit können durch die epistemische Geisteshaltung des „Kritischen Rationalismus" bzw. das methodische Falsifikationsprinzip Poppers (1902–1994): „Lasst falsche bzw. obsolete Theorien und Weltanschauungen anstelle von Menschen sterben" und durch den erreichten Fortschritt der Wissenschaft weit glaubwürdiger beantwortet werden[226]. Dabei ist die Geltungskraft der i.d.R. gut begründeten Ergebnisse der Forschung alles andere als dogmatisch. Sie müssen vor dem kritischen Blick und den wissenschaftlichen Geltungskriterien der *science community* bestehen können, d.h. sie müssen nachprüfbar und jederzeit falsifizierbar sein. Die Geltungskriterien der science community sind freilich abhängig von der grundlegenden wissenschaftlichen Lehrmeinung, dem Paradigma, welches epochal begrenzt bis zum *gestalt switch* des nächsten Paradigmas gilt. Die Falsifikation einer wissenschaftlichen Aussage ist allerdings selbst eine Erkenntnis, die weitere Forschungen im Interesse einer weiteren Wahrheitsannäherung bereichert. Eine moderne Weltanschauung kann und

222 Camus 2000, S. 139 ff.; Weinrich 2012, S. 170 ff.

223 Dawkins 2007, Buchtitel, S. 46, 71 f.; Sie kommt in folgendem hypothetischen Gespräch eines Kritikers (Christopher Hitchens) mit Gott zum Ausdruck: „Ich würde sagen, oh Gott, du hast uns nicht genügend Beweise gegeben (nach B. Russell)". Und: „Unergründlicher Herr, einiges, wenn nicht alles, was dir nachgesagt wird, lässt mich vermuten, dass du aufrechten und überzeugten Unglauben der scheinheiligen und eigennützigen Heuchelei und flammenden Opfergaben auf blutigen Altären vorziehst." (Hitchens 2007, S. 256 und 256 f.).

224 Dawkins 2007, S. 17 f.

225 Dawkins 2007, S. 268 ff.; Dennett (2006), dt. 2016, S. 420.

226 Albert 1971; Schmidt-Salomon 2006, S. 36 ff.

sollte nicht hinter die Ergebnisse der Wissenschaft zurückfallen[227]. Der evolutionäre Humanismus ist eine Kombination des evolutionären Paradigmas mit humanistisch-ethischen Wertvorstellungen, wie sie in der Konvention der Menschenrechte kodifiziert sind. Getragen wird diese Weltanschauung durch die sogenannten Brights[228] im angloamerikanischen Sprachraum und die Giordano-Bruno-Gesellschaft in Deutschland. Ihr gemeinsames Anliegen ist ein entschiedenes Plädoyer für eine offene und uneingeschränkte wissenschaftliche Untersuchung von Religionen.[229]

Der Fortschritt von Wissenschaft und Forschung hat in der gegenwärtigen Zeit ein atemberaubendes Tempo angenommen. Vor allem die Entwicklung der Astrophysik und die Elementarteilchen-Physik sowie das Urknall-Paradigma hat theologische Diskussionen in die Bedeutungslosigkeit abgedrängt. Das zeigt sich deutlich in der – weitgehend randständigen – Diskussion um Indizien für die Nicht-Existenz Gottes, die sich aus der Urknall-Theorie ergeben[230]. Es geht heute um die weltweite, d.h. universalistische Durchsetzung der Menschenrechte, um die Bewahrung der Zivilisation, um die Erhaltung natürlicher Ressourcen und letztlich um den Planeten. Dazu braucht es eines gemeinsamen Willens und der Kooperation aller Menschen und Staaten. In dieser Sicht kann die Renaissance von Religionen als ein Rückfall in unhaltbare und historisch längst überlebte Vorstellungen angesehen werden, die zu unnötigen Konflikten und zu einer Bedrohung der Existenz der Menschheit führen.

Wahrscheinlichkeitsgrad und Glaubenskonzept: Für den evolutionären Humanisten ist die Frage, ob es einen Gott und/oder eine unsterbliche Seele gibt, obsolet: $P(\text{Gott}) = 0$. Nicht mehr die Religion, die Wissenschaft und Technik prägen unser Leben. Der Sinn des Lebens ist das Leben.

227 Schmidt-Salomon 2006, S. 8.

228 Der Begriff stammt von Dennett (2006), dt. 2016, S. 39.

229 S. Dennett (2006), dt. 2016, S. 35, S. 56 ff., S. 61, S. 379, S. 382 ff. (Forschungswege).

230 S. Hawking & Mlodinow (2010).

Übersicht über die Skala

	Theistisches Wissen: Primat der Theologie				Non-theistisches Wissen: Primat von Philosophie und Wissenschaft				
Glaubensgrade	Glauben an den dreieinigen Gott Strenggläubig orthodox	Glauben an Christus in der Hoffnung auf seine Gnade Korrigiert dogmatischer Gottglauben	Trotz Zweifel Glauben an Gott in Erwartung eines Nutzens im Jenseits Nutzen-kalkulierter Glauben	Glauben an Gott Undogmatischer Gottglauben	Weder Glauben an die Existenz Gottes, noch Überzeugung von der Nicht-Existenz Gottes Religiöse Indifferenz, Agnostizismus	Skeptischer Glauben Akzentuierung ethischen Handelns	Überzeugung, dass jeder religiöse Glauben ein bloßes Konstrukt ist Glaube an den Glauben	Überzeugung, dass es keinen personalen Gott gibt Infragestellung des religiösen Glaubens	Überzeugung, dass religiöser Glaube obsolet ist Konstruktion humanistischer Lebensentwürfe
Rechtfertigung	Orthodoxe Dogmatik, katholischer Katechismus	Rechtfertigungs-Lehre (Luther), reformierter Katechismus	Pascal'sche Wette	Deismus	Vernunft-philosophie nach Kant	Liberal-Religiöser Pragmatismus	Religiöser, christlicher Existentialismus	Atheismus	Atheistischer Existentialismus; Evolutionärer Humanismus
P(Gott)	Sicher: 100%	Sicher: 100%	Hochwahr-scheinlich: > 75 %	Einfach wahrscheinlich: > 50 %	Existenz und Nicht-Existenz Gottes sind gleichwahr-scheinlich: 50 %	einfach unwahrscheinlich: < 50 %	Hoch unwahrscheinlich: < 25 %	Fast völlig unwahrscheinlich < 10 %	Sicher nicht: 0 %
P(-Gott)	0 %	0%	< 25 %	< 50 %	50 %	> 50 %	> 75 %	> 90 %	100 %
	(orthodox	)(			moderat			)(säkular	)

2.4 Die Wahlentscheidung zwischen den dargestellten Glaubensgraden

Da die besprochenen Glaubensgrade nur eine mehr oder weniger hohe Wahrscheinlichkeit beanspruchen, lassen sie per definitionem auch andere Glaubensgrade gelten. Entsprechend können die Glaubensgrade aus der Sicht jeweils anderer Skalengrade kritisiert werden. Für die Kritik ist es freilich hilfreich, wenn man seinen Standpunkt (*stand of view*), von dem aus kritisiert wird, benennt. So kann sowohl die Zielrichtung der Kritik als auch die vertretene Alternative besser eingeordnet werden.

Die vorgelegte Skala soll eine Orientierungshilfe für die je persönliche Entscheidung des Gläubigen oder Nicht-Gläubigen sein, welcher Frömmigkeitsgrad oder welche philosophische Wissensqualität am meisten überzeugt. Diese Entscheidung entspricht einem Bedürfnis des Menschen nach Orientierung in der Welt und seinem freien Willen. Sie ist ein Akt der Mündigkeit, der Freiheit und Toleranz, aber auch Bildung voraussetzt. Das Hauptkriterium ist dabei die als Ergebnis vernünftiger Abwägung frei gewonnene Überzeugung im Sinne des „eigentümlich zwanglosen Zwangs des besseren Argumentes" (Habermas, s.o.). Weder formeller noch informeller äußerlicher Zwang, sei es durch Gruppen oder überkommene Sitten, darf dabei ausgeübt werden. Man muss freilich nicht bei dem einmal gewählten Überzeugungsgrad bleiben. Dieser kann auch zu Zeiten, also nach einschneidenden Ereignissen, z.B. traumatischen Erfahrungen, religiösen Erweckungen oder wissenschaftlichen Beweisführungen bzw. Widerlegungen von Glaubenssätzen gewechselt werden, d.h. der Glaubens- bzw. Überzeugungsgrad kann intensiviert oder abgeschwächt werden[231].

Alle diese Weltanschauungen spiegeln historisch gesehen einerseits eine tendenzielle Abnahme der Evidenz des Glaubens an einen personalen Gott, andererseits eine Zunahme der Bedeutung epistemischen bzw. Erfahrungswissens. Bis auf die Pole-Positionen (Naiv-orthodoxe Dogmatik bzw. evolutionärer Humanismus) setzt sich jeder

231 Oser (1994) stellt fest, dass der Übergang von einer Stufe zur nächsten in der von ihm entwickelten Stufenskala religiöser Entwicklung eine kritische Phase darstellt, die von einem vorübergehenden Atheismus begleitet wird (zit.n. Maiello 2007, S. 26).

Skalenpunkt aus einem je spezifischen Mischungsverhältnis des Offenbarungswissens und des epistemischen Wissens zusammen: P(Gott) + P(-Gott) = 1. Diese Mischung, also in etwa **magisch-religiöse Formeln und epistemische Aussagen** – oder auch **theistische und non-theistische Aussagen** – kann allerdings nur ein Vorschlag sein, der indes gut begründet ist und deshalb als Anhalt für die Wahl einer Weltanschauung fungieren kann. Da jeder seine Weltanschauung frei wählen kann, sagt seine individuelle Wahl der Argumente zunächst nichts darüber aus, ob die verschiedenen Anteile bei den individuell vertretenen tatsächlichen Weltanschauungen inhaltlich zusammenpassen. Die Welterklärung ist dann konsistent, wenn sie zufriedenstellende Antworten auf einerseits die religiösen Grundfragen, andererseits die philosophischen Grundfragen ermöglicht. Je nach Ausprägung der Teilwahrscheinlichkeiten liegt hier freilich eine Konfliktspannung vor, die eine mehr oder weniger hohe Ambiguitätstoleranz (Akzeptanz der Widersprüche trotz kognitiver Dissonanz bzw. Konfliktspannung) erfordert. Gewissermaßen schwingt in der Evidenz jeder theistischen Aussage der Zweifel in Gestalt der Evidenz einer non-theistischen Aussage wie eine Hypothek mit und umgekehrt. Je höher die sich widersprechenden Wahrscheinlichkeiten, desto höher die Konfliktspannung. Übersteigt die empfundene Gegensätzlichkeit die subjektive Toleranzgrenze, kann sie einen Verlust an Glaubwürdigkeit eines Glaubensparadigmas oder eines Wissensbestandes und einen Wechsel der Meinung (gelegentlich auch einen Rückfall) bewirken. Zudem liegt im Versuch der Bewältigung der Konfliktspannung eine Ursache für aggressive Tendenzen.

Bei der Wahlentscheidung ist deshalb das jeweilige Mischungsverhältnis und der größere Überzeugungsgrad des einen Wissenskreises im Verhältnis zum anderen beachtenswert[232]. Ein ausgeglichenes Verhältnis bieten die mittleren Skalenpunkte mit den Wahrscheinlichkeitswerten 50% $\leq$ P(G) $\leq$ 50% und entsprechend 50% $\geq$ P(-G) $\geq$ 50%, also „Verworfene Dogmatik bzw. Deismus", „Religiöse Indifferenz" und „Liberal-Religiöser Pragmatismus". Die Konfliktspannung der „nutzenkalkulierten Dogmatik" und dem „religiösen Existentialismus"

232 Eine statistische Untersuchung der gegenwärtigen Verteilung jeweiliger Frömmigkeits- bzw. Überzeugungsgrade in der Bevölkerung mithilfe dieser Skala wäre zwar interessant, ist in vorliegendem Beitrag jedoch nicht beabsichtigt.

ist stärker ausgeprägt, verbleibt jedoch im Toleranzrahmen. Diese 5 Skalenpunkte können deswegen als **moderat-religiöse Glaubensgrade** angesehen werden. Ihr Wahrscheinlichkeitsbereich umfasst somit: 75% $\geq$ P(G) $\geq$ 25%.

Insgesamt lassen sich vier verschiedene Möglichkeiten einer Verbindung von theistischen und non-theistischen Aussagen denken: Konflikt, Unabhängigkeit, Dialog und Integration[233]. Historisch gesehen gab es immer schon wechselseitige Beeinflussungen zwischen Theologie und Philosophie, so z.B. zwischen Augustinus und Platon oder zwischen Thomas von Aquin und Aristoteles[234]. Wie das Schicksal Giordano Brunos zeigt, war zu Beginn der Neuzeit das Verhältnis zwischen Philosophie bzw. der entstehenden Wissenschaft und religiösem Glauben von schweren Spannungen geprägt. Die Konflikte eskalierten hauptsächlich zu Zeiten Galileis und Newtons. Nach Kant herrschte ein zeitweiliger Burgfrieden, da beide Bereiche als unabhängig voneinander gedacht wurden. Mit dem Aufkommen der Evolutionstheorie geriet die Religion in die Defensive. In der Zeit des atheistischen Marxismus wurde sie schließlich in eine gesellschaftliche Randposition gedrängt, in der sie bis zum Ende der sozialistischen Ära verblieb. Seit Ende des Zweiten Weltkrieges werden konzeptionelle Versuche erkennbar, die Religion mit der Naturwissenschaft in einen Dialog zu bringen[235], um zu einem Ausgleich und womöglich zu einer Integration der verschiedenen Weltanschauungen zu kommen. Angesichts der Auffassung vieler Wissenschaftler, dass die religiöse Welterklärung inzwischen obsolet geworden ist, dürften diese Versuche nicht allzu erfolgreich sein, zumal der Glauben an überlebte und womöglich widerlegte Weltanschauungen, wie z.B. den Kreationismus, nicht begründbar ist. Auch bevorzugen viele Theologen die Konzeption zweier nebeneinander existierender Wissenskreise (einen heiligen und einen profanen Kreis), deren Aussagen und Geltungskriterien grundsätzlich nichts miteinander zu tun haben.[236] Beide Kreise erleben in den letz-

233 Vgl. Barbour 1999, S. 113; Wilber 2010, S. 31 ff.; Peacocke 1981, S. XIII f. nennt 8 Modelle (zit.n. Mortensen 1995, S. 38).

234 Zahrnt 1966, S. 312.

235 S. Mortensen 1995, S. 262 ff.: Dialog im Sinne einer freundschaftlichen Wechselwirkung.

236 Marina 2005, S. 60 ff.

ten Jahren eine deutliche Ausweitung, aber auch Vermengung ohne konzeptionelle Grundlage. So ist in den letzten Jahrzehnten eine inzwischen unübersichtliche Inflation von Weltanschauungen religiöser und säkularer Richtung entstanden, wie z.B. individuelle Mischkonstrukte esoterischer, religiöser und säkularer Dogmen sowie erhöhte Tendenzen zu Konversionen.[237] Für einen Großteil von Gläubigen oder Nicht-Gläubigen mag dies nicht weiter von Belang sein, sofern sie keine Notwendigkeit sehen, die internen und externen Widersprüche solcher Konstruktionen einer Klärung zuzuführen.

237 Zersplitterung des Glaubens (Minois 2000, S. 632 ff.); Markt der Religionen (Zinser 1997).

3. Glaubensgewissheit, ein Relikt magischen Denkens

Sofern der Wahrscheinlichkeitscharakter der Weltanschauungen respektiert wird, sind argumentative Auseinandersetzungen jederzeit möglich, ja sogar erwünscht. Probleme bereiten eigentlich nur die naiv-orthodox[238] Gläubigen bzw. Fundamentalisten, da sie für sich beanspruchen, die sogenannte „wahre" Religion zu vertreten und jedes Argument, das ihre Dogmen anzweifelt, als Gotteslästerung betrachten. Ihr Alleinvertretungsanspruch qualifiziert andere Glaubensüberzeugungen als unwahr ab und rückt deren Anhänger in die Ecke der „Ungläubigen". Dort erwarten sie alle Sanktionen, die ihre „wahre" Religion gegenüber den Ungläubigen bzw. Gotteslästerern kennt, wobei diese von Höllenqualen im Jenseits bis zu sozialer Ächtung, dem Ausschluss aus der Gemeinschaft und zur Ermordung im Diesseits reichen können. Freilich werden nicht alle Protagonisten dieser Glaubensüberzeugung entsprechend radikal handeln. Dennoch legitimieren ihre Dogmen entsprechende Verhaltensweisen, die bei Leichtgläubigen und vor allem meist jugendlichen und suggestiblen Mitgläubigen die Bereitschaft zu Gewalttätigkeit enthemmen und fördern.

Was glaubt man, wenn man seines Glaubens zu 100% sicher ist?

Jede religiöse Lehre hat einen theoretischen und einen praktischen Teil. Der theoretische Teil umfasst die je spezifische Welterklärung und die darauf bezogene Dogmatik, die die Begründung liefert für den jeweiligen Gottesbegriff, für die Herkunft des Menschen und seine Heilsbestimmung, wenn er im Sinne der religiösen Gebote Gutes tut. Der praktische Teil beinhaltet die Regeln für die Gottesverehrung (Liturgie) und die Vorschriften für den gottgefälligen Lebenswandel. Beide Bereiche sind von mythisch-magischen Aussagen durchsetzt. Kennzei-

238 Der Begriff „naiv-orthodox" bezieht sich auf Jesu Gebot, der richtige Glaube solle von kindlichem Vertrauen geprägt sein: „Werdet wie die Kinder" (Matth. 18,3).

chen des naiv-orthodoxen Glaubens ist die vollständige und unkritische Akzeptanz der überkommenen Dogmatik der alten Religion. Der in dieser Art Strenggläubige ist nicht mehr i.e.S. gläubig, da er bei seinem Glauben keinerlei Fehlerrisiko anerkennt und deswegen meint, die Wahrheit zu „wissen". Dies unterscheidet ihn von einem ähnlich Strenggläubenden, der an die Existenz Gottes „mit an Sicherheit grenzender Wahrscheinlichkeit" glaubt und somit wenigstens ein kleines Irrtumsrisiko einräumt. Wer seinen Glauben mit der Wahrheit verwechselt, begibt sich in gefährliche Nähe zum Fanatismus.

Wenn ein Rechtgläubiger auf der Gebetbank sitzt, seine Hände faltet, zu Gott nach oben blickt und betet, d.h. um Hilfe bittet, dann ist er sich zumindest gewiss, dass dieser Gott wahrhaftig existiert, aber auch, dass er ihm auf Gedeih und Verderb ausgeliefert ist. Das Gebet ist Ausdruck seiner Hoffnung, dass ihm geholfen werden kann, denn dem Betenden ist klar, dass die Hilfe eine Gnade darstellt, d.h. er nimmt in Kauf, dass die Gottheit keine Gnade walten lässt und er keine Hilfe bekommt. Seine Gewissheit, dass die Gottheit seit jeher und in alle Ewigkeit existiert und in allem das Sagen hat, ficht das aber nicht an, seine Glaubensgewissheit ist sakrosankt.

Ist eine derartige Glaubensgewissheit begründet?

Gibt es einen wahren Glauben? Gibt es einen falschen Glauben? Weder – noch. Glauben heißt „Für wahr halten" und nicht „das Wahre wissen". Indem man etwas für wahr hält, ist man nicht gefeit davor, Falsches für wahr zu halten, also einem Irrglauben zu erliegen. In Bezug auf Dinge, Ereignisse, Vorgänge, die unser Dasein beeinflussen und über deren Zustandekommen wir nichts wissen und womöglich nichts wissen können, kann es allenfalls subjektive Wahrscheinlichkeiten geben. Insofern sind Glaubensrichtungen und Religionen Deutungen der Welt im Sinne von hypothetischen Überbrückungen des Nicht-Wissens. Aussagen wie etwa „Es gibt einen Gott" oder „Es gibt keinen Gott" sind in verschiedenen Hinsichten plausibel, aber jeweils auch nicht widerlegbar, da ein objektives Prüfkriterium, nämlich die sinnlich feststellbare oder rational erschließbare Existenz Gottes fehlt. Welcher Glaubensrichtung man zuneigt, ist von mehreren Faktoren abhängig: Von gesellschaftlich-historischen Kontextbedingungen, von Machtkonstellationen, von der Mentalität der Bevölkerung, von sozialen Lebensbedingungen, vom Bildungsgrad, von politischen Ereignissen/Vorgängen, von Eltern und Modellpersonen, vom Lebensalter etc. Die gesellschaftliche Bedeutung einer Glaubensrichtung steht und fällt mit dem zahlenmäßigen Umfang ihrer Anhängerschaft, die freilich historisch nicht konstant bleibt. In Abhängigkeit von den genannten Kontextbedingungen kann sie anwachsen, aber auch schwinden.

Da ein wahrer Glauben also prinzipiell nicht möglich ist, wie kommt es dann zu Glaubensgewissheit?

Rein theoretisch kann sich jemand für den höchstmöglichen Gewissheitsgrad im Glauben entscheiden, sofern er bei rationaler Überlegung zu dem Ergebnis kommt, dass er die Existenz Gottes für höchstwahrscheinlich bzw. sicher hält. Bis jetzt ist es auch den scharfsinnigsten Theologen nicht gelungen, die Existenz Gottes zu beweisen.[239] Die gefühlte Glaubensgewissheit kann also im Falle der orthodoxen Religiosität nur irrational sein und wird es auch bleiben, da der Gläubige in seinem *furor fidei* keinerlei Veranlassung sieht, nach Argumenten zu suchen, die ihn verunsichern könnten. Er vermeidet tunlichst jeden Diskurs mit anderen, zuvörderst natürlich mit Leuten, die dem Glauben gegenüber kritisch eingestellt sind. Sein Gebet, sein Gottesdienst und die auf die Religion abgestimmten Lebensvollzüge bestätigen ihm stets von neuem das Wahrheitsgefühl im Glauben. Der Betende erlebt dieses Gefühl ganz selbstverständlich in Andacht und Meditation. Ein Gott, der Adressat von Gebetsformeln und Beschwörungsriten ist, erscheint unmittelbar nur in magischer Trance bzw. mystischer Versenkung[240]. Das dabei Erlebte wird im Gedächtnis und vor allem im Bericht gegenüber anderen Gläubigen durchaus mitunter farbig und rhetorisch bzw. homiletisch als Gotteserfahrung überzeichnet (hyperbolisiert) und als Vision tradiert. Diese wird dann in der Predigt, durch Gottesdienste, musikalische Darbietungen, in Skulpturen und Gemälden dargestellte kanonisierte Modellpersonen (Heilige) den Gläubigen mitgeteilt, damit diese ihrerseits an diesem Erleben teilhaben können (*Mysterium fascinans*[241]). Andacht, Kontemplation, Meditation ermöglichen und festigen die Gewissheit im Glauben an die Existenz Gottes[242]. In der Faszination suggestiv-magischer Liturgie, d.h. in der An-

239 Hoerster 2010, S. 114; Czermak 2014, S. 31-35.

240 Grüter 2010, S. 97 ff., 245 f.

241 Otto 1979, S. 42 ff.

242 Grabowski 2007, S. 37 ff.

betung Gottes, in der Wiederholungsrhetorik von Gebets- und Opferritualen liegt freilich auch die Wurzel fanatisch-religiösen Denkens und Handelns[243]. Mehr noch: Die magische Gewissheit des Glaubens und die Gottesfurcht (*Mysterium tremens*[244]) kann die Bereitschaft zu gewalttätigen Handlungen gegen Andersgläubige und Kritiker hervorrufen oder gar fördern.

In Wirklichkeit verbleibt das Erlebnis jedoch im Bannkreis des eigenen Gehirns.[245] Das beweist allein schon die Voraussetzung, dass sich das visionäre Erlebnis nur einstellt bei wahrhaft Gläubigen.[246] Die Inhalte von Visionen und womöglich auch Halluzinationen sind in der Tat abhängig von den vorgegebenen bzw. zuvor verinnerlichten Glaubensinhalten, die ja in den verschiedenen Religionen und Kulturen ganz unterschiedlich geprägt sind.[247] Sie fördern bzw. erzeugen zwar die „Glaubensgewissheit" des Gläubigen, sind aber keineswegs Beweise für die Existenz Gottes[248]. Es gibt keine besondere „Glaubenserfah-

243 "Im evangelischen Biblizismus [...] wird die theologische Wahrheit von gestern als unwandelbare Botschaft gegen die theologische Wahrheit von heute und morgen verteidigt. Der Fundamentalismus versagt vor dem Kontakt mit der Gegenwart, und zwar nicht deshalb, weil er der zeitlosen Wahrheit, sondern weil er der gestrigen Wahrheit verhaftet ist. Er macht etwas Zeitbedingtes und Vorübergehendes zu etwas Zeitlosem und ewig Gültigem. Er hat in dieser Hinsicht dämonische Züge. Denn er verletzt die Ehrlichkeit des Suchens nach der Wahrheit, ruft bei seinen denkenden Bekennern eine Bewusstseins- und Gewissensspaltung hervor und macht sie zu Fanatikern, weil sie dauernd Elemente der Wahrheit unterdrücken müssen, deren sie sich dunkel bewusst sind." (Tillich, 1951, in: Manfred Baumotte (Hrsg.): Tillich-Auswahl, Bd. 1, Das Neue Sein, Gütersloh 1980, S. 120 f.).

244 Otto 1979, S. 13 ff.

245 Grüter 2010, S. 97 ff., bes. 100 ff.; s.a. die auf Geistmetaphysik vertrauende Theologie Karl Rahners (1976, S. 31 ff.), dessen „Gotteserfahrung" als „anonymes und unthematisches Wissen von Gott" (Rahner a.O., S. 32) womöglich nur auf menschlicher Selbsterfahrung beruht (Fischer 2002, S. 27, 39).

246 Grabowski 2007, S. 41 f.; Grüter weist darauf hin, dass solche ekstatischen Erlebnisse auch bei Epileptikern auftreten können (2010, S. 100 ff.).

247 Meistens sind die „Visionäre" schlichte Menschen, wie Hirten- oder Bauernkinder, die einfältige Botschaften der „Erscheinung" weitergeben an ebenso einfältige Gläubige. Im katholischen Milieu überwiegen meistens Marienerscheinungen. Protestanten sind eher gegen solche Visionen immun.

248 Ähnlich sind auch die sog. Nahtoderlebnisse zu verstehen, die neuerdings von manchen Betroffenen als Beweise dafür angesehen werden, dass das Bewusstsein

rung" im Sinne eines Erkenntnisvermögens besonderer Art[249]. Die Einordnung eines Erlebnisses als Glaubenserfahrung ist abhängig von vorheriger religiöser Gestimmtheit und Engagiertheit sowie von der nachträglichen religiösen Interpretation des Betroffenen und seiner Gesprächspartner[250]. Alternative Deutungen des Erlebnisses, etwa (tiefen-)psychologische, soziologische, medizinische Erklärungen werden von theologischer Seite nur unzureichend berücksichtigt. Nichtsdestoweniger werden solche Erlebnisse in Stellungnahmen religiöser Autoritäten und in Berichten über Erscheinungen, Wunderheilungen u.ä. als Gewissheit vermittelnd betrachtet und verteidigt. Ein interessantes Beispiel in diesem Zusammenhang ist das Erleben, von einem Teufel bzw. Dämon besessen zu sein, und das Ritual der Teufelsaustreibung (Exorzismus), dessen Veranstaltung von der Katholischen Kirche nach wie vor als legitim betrachtet wird.

Glaubensgewissheit wird freilich auch gefördert in einem strenggläubigen religiös-fundamentalistischen subkulturellen Milieu, welches gekennzeichnet ist durch eine rigorose Anerkennung des Alleinvertretungsanspruchs der Religion und eine ausgeprägte *in-group*-Kommunikation, die noch verstärkt wird durch eine sehr vereinfachende Alles-oder-Nichts-Logik (z.B. das islamische Glaubensbekenntnis „Es gibt keinen Gott außer Allah" und die islamistische Formel „Allahu akbar"). Diese meint eine strikte Einteilung der Menschen in Gläubige und Ungläubige bzw. in Gute und Böse, wobei die Ungläubigen – zu denen nach diesem Denken auch die Andersgläubigen zäh-

---

unabhängig vom Gehirn funktionieren könne (Schmied-Knittel 2012, S. 74). Diese „Belege" sind jedoch problematisch, da die Erlebnisse erst nach einer gewissen Zeit berichtet werden und die Berichte deshalb womöglich von der jeweiligen Kultur der Erlebenden beeinflusst werden (Schmied-Knittel a.O., S. 74 f.). Zudem sind die daraus gefolgerten Vorstellungen von der Existenz der Seele außerhalb des Organismus absurd, weil wegen des Ausfalls des Gehirns, der Sinnesorgane, Verstand und Vernunft die Aufnahme, Verarbeitung und Weitergabe von Informationen ausgeschlossen ist.

249 Hoye 1993, S. 51. Tillich 1951, in Baumotte 1980, S. 127: Beide, Empirie und Metaphysik, gründen auf einer apriorischen mystischen Erfahrung. James (1902) 2014, S. 60: „Es gibt keinen Grund für die Annahme, es existiere eine einfache abstrakte ‚religiöse Emotion' als eine eigenständige elementare Gemütsbewegung". Ebensowenig gibt es ein Gottes-Gen oder Spiritualitäts-Gen oder gar im Gehirn ein Zentrum für religiöse Erfahrung (Dennett (2006), dt. 2016, S. 384).

250 Einige Beispiele dafür finden sich bei Zahrnt 1977, S. 168 ff.

len – zu bekämpfen sind, insbesondere wenn die eigene Religion politische Macht erringen will. Solche Gruppen bilden durch ihre repressiven Regeln, religiösen Indoktrinationen und rigiden Überwachungsstrukturen den Nährboden für die Hervorbringung terrorbereiter Religiosität und die potentielle Bereitschaft, sich selbst zu opfern und „Ungläubige" zu schlachten[251]. Die Radikalisierung und Ausbildung eines leicht entfesselbaren Aggressionspotentials sind dann die Folge der vermeintlichen Kenntnis des göttlichen Willens und der Selbstsicht des Gläubigen als dessen Vollstrecker. Das religiöse Versprechen ewiger Paradiesesfreude entlastet den gewaltbereiten Gläubigen schließlich von irdisch-moralischer Verantwortung[252]. Besonders gefährlich ist in dieser Hinsicht der Koran, der in Sure 2 zur Ermordung der Ungläubigen aufruft und damit der Anwendung von Gewalt Vorschub leistet oder – besser gesagt – sie legitimiert. Deshalb ist es erforderlich, den Wahrheitsanspruch des naiv-orthodoxen islamischen Glaubens im Sinne philosophischer Aufklärung zu überdenken. „Der Wahnglaube ist das Grundübel, das es zu bekämpfen gilt"[253]. Die Erwartung, dass ein moderater Islam akzeptabel sei, kann nur realistisch sein, wenn der Wahrheitsanspruch des Korans relativiert wird. Solange die Moslems darauf beharren, dass der Koran Gottes Wort und damit unveränderlich sei, ist für einen moderaten Islam kein Platz. Es ist deshalb mindestens notwendig, dass sich der islamische Klerus einhellig von der o.g. und ähnlichen Suren distanziert.[254]

---

251 Krauss 2005, S. 12.

252 Krauss 2005, S. 12, dort auch Weinrich 2001, S. 59.

253 Nach Cassirer 1932, S. 169 die von Bayle geprägte Grundthese der französischen enzyklopädischen Religionskritik.

254 S. hierzu die 40 Thesen zur Reform des Islam von Ourghi 2017.

Abb. 2: Francisco de Goya: Der Schlaf der Vernunft produziert Monster. Radierung, ca. 1797/1798 (Wikimedia Commons, gemeinfrei)

Einem friedvollen Zusammenleben der Religionen steht somit die Glaubensgewissheit entgegen. Sie kann nicht allgemeines Gesetz sein, wie es Kants kategorischer Imperativ als Grundbedingung der Moral verlangt. **Glaubensgewissheit heute – das ist der Ausdruck des selbstverschuldeten Rückfalls in die Unmündigkeit der Zeit vor der Aufklärung**. Selbst verschuldet ist dieser Rückfall deshalb, weil es in unserer Zeit genug Bildungsmöglichkeiten gibt, die über religiöse Ansprüche und philosophische Widerlegungen aufklären. Deren Nutzung erlaubt eine vernunftgemäße Einschätzung der Religion und des Glaubens sowie eine Einübung in Toleranz. Ein paradigmatisches Beispiel hierfür ist die aus der Holocaust-Erfahrung, also der Vernichtung des von Gott „auserwählten" Volkes der Juden, gewonnene Erkenntnis des Philosophen Jonas, nach der die Doktrin der Allmacht Gottes nicht aufrecht erhalten werden kann[255]. Die magisch aufgeladene Glaubensgewissheit verhindert die Suche nach widersprechender Information oder taucht jede neutrale Information in das Licht angeblich gottgewollter Bewertung. Die Verhinderung von radikaler bzw. fanatischer Glaubensgewissheit ist natürlich auch eine Aufgabe der Religionspäd-

255 Jonas 1987, S. 33.

agogik, der Predigt in Gottesdiensten, der Berichterstattung in Massenmedien und professioneller psychosozialer Intervention bei gefährdeten Individuen oder Familien[256]. Darüber hinaus kann der visionäre Zauber magischer Glaubensgewissheit durch sachbezogenes Nachfragen in Situationen direkter Kommunikation gebrochen werden. An dogmatischen All-Sätzen, wie sie in Gebetstexten vorkommen, lässt sich das leicht demonstrieren: Ein Beispiel ist der Satz „*Gott ist groß*". In islamischen Gebetsritualen wie auch bei der Tatbegehung von islamistischen Terroristen spielt er eine wichtige Rolle als rituelle Einstimmung in Andacht und Meditation bzw. in das terroristische Mordszenario[257]. Da der Informationsgehalt des Satzes nach Maßgabe des gesunden Menschenverstandes sehr dürftig ist, liegt die Annahme nahe, dass der Satz hauptsächlich aus Gründen der Erzeugung einer magisch-religiös aufgeladenen Stimmung gesprochen wird, die besonders unterstrichen wird, wenn er mit tiefer Stimme und im Chor, d.h. gleichzeitig von mehreren männlichen Gläubigen zelebriert wird. Man kann diesem magischen Einfluss entgegenwirken, wenn man den Satz als *hypothetische Sachaussage* mit Wahrscheinlichkeitscharakter auffasst, deren Realgeltung zu prüfen ist. Zur Klärung müsste man dann nachfragen: Wie groß? Mit welcher Größe ist Gott vergleichbar? Kann man seine Größe messen? Die magische Wirkung wäre schnell verflogen, wenn sich der Betende gedanklich diesen Fragen stellen und einen Wahrscheinlichkeitsvorbehalt anerkennen würde. Vermutlich wäre das Gebet dann allerdings nicht mehr möglich.

Allgemein gesagt kann man die Zauberwirkung magisch-religiöser Sätze durch deren Transformierung als empirische Hypothese mit Wahrscheinlichkeitsvorbehalt begrenzen. Dieser Wahrscheinlichkeitsvorbehalt sollte bei allen religiös-dogmatischen Aussagen über die Existenz Gottes zur Regel gemacht werden. Die Formulierung „Es gibt einen Gott" suggeriert eine Glaubensgewissheit, die nicht begründet ist. Der Begriff der Wahrscheinlichkeit weist auf diese unbegründete und deshalb irrtümliche Gewissheit hin. Die Formulierung „Es gibt wahr-

---

256 S. Neumann 2013; Vidino 2013; Mansour 2016.

257 Das Argument der Islam-Apologeten, dass die IS-Mörder nichts mit dem Islam zu tun hätten, ist durch die Beobachtung widerlegt, dass die Täter vor Beginn der Tat „Allahu akbar" rufen. Diese Formel wird bei vielen religiösen Ritualen verwendet. Sie zeigt, dass der jeweilige Mord als islamisches Ritual zu verstehen ist.

scheinlich einen Gott" ist wegen der definitiv eingeräumten Irrtumsmöglichkeit weitaus besser begründet. Aufgrund der Wahrscheinlichkeitsbedingung entfällt das magische Gewissheitserlebnis und die daraus gelegentlich folgende Gewaltbereitschaft. Im Gegensatz zu der Glaubensgewissheit ist das Konzept der Wahrscheinlichkeit in der heutigen säkularen Gesellschaft mehrheitsfähig, da es die geschichtliche Weiterentwicklung des Denkens zu Rationalität und Wissenschaft repräsentiert. **Wahrscheinlichkeit ist der Kernbegriff moderater Religiosität.**

4. Glaubenslosigkeit – Absturz ins Nichts?

Das Gegenteil der Glaubensgewissheit ist die völlige Ablehnung des Gottesgedankens, die Glaubenslosigkeit. Diese ist jedoch nicht gleichbedeutend mit Nihilismus. Nihilismus im eigentlichen Sinne bedeutet den Absturz ins Haltlose und die Ablehnung aller kulturellen und zivilisatorischen Werte des Menschen[258]. Die in Abschnitt 2.3.9 erläuterten Denkrichtungen des atheistischen Existentialismus und Evolutionären Humanismus stellen dagegen eine Neuausrichtung der Sinn-Bestimmung und Wertegestaltung des menschlichen Lebens im Diesseits dar. Bestandteile einer solchen non-theistischen wissensfundierten Weltanschauung sollen im Folgenden erörtert werden.

Ausgangspunkt säkularen Denkens ist das Vertrauen in die Fähigkeit des Menschen, aufgrund seiner Sinne, seines Verstandes und seiner Vernunft Antworten auf die Grundfragen der Menschheit zu finden, welche sind: Woher kommt der Mensch? Wohin geht der Mensch? Was ist der Mensch? Jeder ist aufgerufen, sich dieser Fähigkeit getreu dem Motto Kants „Wage zu wissen (*sapere aude*)“ seiner berühmten Schrift „Was ist Aufklärung“[259] zu bedienen. Einem mündigen Menschen reicht es nicht, sich ohne nachzudenken und ohne genauere Überprüfung einem irgendwie gearteten religiösen Vordenker unterzuordnen. Freilich ist es nicht möglich, bei jeder Frage bei Null zu beginnen. Vertrauen verdienen auch Philosophie und Wissenschaft, deren Vertreter sich seit Menschengedenken bemühen, objektiv und wertfrei, d.h. ohne religiöse Vorurteile, beweisbare Erkenntnisse über den Menschen und die Natur zu gewinnen. Inzwischen ist ein Fundus an sachbezogenem Wissen zusammengetragen worden, der es erlaubt, eine wissensfundierte Weltanschauung zu konzipieren. Diese erhebt nicht den Anspruch, endgültig wahr zu sein. Ihr Ziel ist es, der Wahrheit näher zu kommen bzw. Aussagen zu machen, die plausibel und

---

258 Weischedel 1983, 2, S. 161 f.

259 Kant 1783, Kant-Werke 1968, Band 9, S. 53–61.

der Wahrheit ähnlich sind (s. *verisimilitudo* nach Popper). Dazu dient auch und vor allem der ständig weitergehende wissenschaftliche Diskurs.

Wissenschaftssprachlich gesehen handelt es sich bei religiösen Aussagen über die Existenz Gottes um projektive sozio-, techno- und biomorphe bzw. anthropomorphe Erklärungen, d.h. um Konstrukte[260], deren Geltung, wie die Diskussion um die sogenannten Gottesbeweise zeigt, entweder nicht bewiesen werden konnte[261] oder nicht überprüfbar[262] ist. Aus heutiger Sicht sind es behelfsmäßige Überbrückungen weitgehender Unwissenheit in Fragen der Deutung und Bewältigung unmittelbarer Lebensprobleme. Sie stammen ursprünglich aus einer längst überlebten Mentalität, die geprägt war von magischem Denken, einem altorientalischen Despotismus (Gott der „Herr") und einer anthropomorphen Sicht von Ursache und Wirkung[263]. Die Plausibilität und Verbreitung dieser Mentalität wurde und wird über die Jahrhunderte bis Jahrtausende tradiert durch den Einfluss der Priesterschaft, die für sich einen Alleinvertretungsanspruch darauf erhebt, das Wort und den Willen Gottes, d.h. seine Offenbarungen zu kennen und zu verkünden, durch das Solidaritätsgefühl und die Pflege des Zusammenhaltes in der Gemeinschaft der Gläubigen, durch religiöses Brauchtum, Gottesdienst und Seelsorge, durch Rituale bzw. häufige Wiederholung ritualisierter Dogmen als Gebetsformeln (z.B. „Gott ist groß"), durch liebgewordene Folklore, Heiligenkult, Symbole, Bildwerke sowie durch die religiös legitimierte staatliche Macht. Die Beibehaltung bzw. Fortschreibung der Plausibilität dieser Glaubensinhalte[264] wie überhaupt der Gotteshypothese erklärt sich aus den Bemühungen

---

260 Topitsch 1972, S. 10; Topitsch 1988, S. 5.

261 S. Hoerster 1985, S. 16–93; Hoerster 2010, Kptl. III–VI.

262 Marina (2005, S. 60 ff.) unterscheidet zwischen zwei Aussagenbereichen, dem heiligen und dem profanen Kreis, deren Geltungskriterien vom einen auf den anderen nicht ohne weiteres übertragbar sind.

263 S. die sog. „Achsenzeit", d.i. die Zeitspanne von 800–200 v.Chr., in der die geistigen Grundlagen unserer und anderer Kulturen gelegt wurden (Jaspers, K., 1955, S. 14 ff.); S.a. das Numinose als geschichtlicher Vorhof der Religion (Otto 1979, S. 142).

264 Der Glaube gewisser Protestanten, dass sie, indem sie zweitausend Jahre christlicher Tradition überspringen, ein unmittelbares und existentielles Verhältnis zur Bibel herstellen können, ist naive Selbsttäuschung (Tillich/Baumotte 1980, S. 155 f.).

der Theologen, mit der Zeit zu gehen, d.h. sie stilistisch, argumentativ und metaphorisch an den jeweiligen Zeitgeist anzupassen. Um in der Konfrontation religiöser Erklärungen und Begriffe mit säkularem Wissen[265] bestehen zu können, werden religiöse Tatsachenbehauptungen durch Zusatzhypothesen gerettet[266] und durch symbolische Deutung unangreifbar gemacht[267]. Am Ende stehen magisch aufgeladene begriffliche Leerformeln[268], die dann zwar gegen Widerlegungen immun sind, jedoch keinen fassbaren Sachverhalt mehr bezeichnen. Beispiele für solche Entwicklungen sind Ortsbezeichnungen wie „Himmel“ und „Hölle“ , deren örtliche Unerreichbarkeit und zugleich unbegreiflich lebensbestimmende Gestaltungskraft (Meteorologie, Vulkanismus) in der Steinzeit theologisch überhöht wurde und seitdem begrifflich tradiert wird als Wohnsitz Gottes bzw. der Götter, als Ort des Guten, des Lichtes bzw. Wohnsitz des Teufels und der Dämonen, Ort des Bösen, der Finsternis[269] d.h. in der Erde, „wo Heulen und Zähneknirschen ist“ (im NT mehrfach genannt). Nach der naturwissenschaftlichen Entzauberung und Verortung des Himmels als Wetterzone, als Atmosphäre und Zugang zum Weltraum und der Hölle als Erdhöhle oder geodynamische Erdformation sowie der Erkenntnis, dass Licht und Finsternis bzw. Tag und Nacht abhängig sind von der Drehung des Planeten um sich selbst, bleiben Himmel und Hölle theologisch nur noch als Metaphern für Gottesnähe und Glückseligkeit bzw. Gottesferne und Verzweiflung. Der Widerspruch zwischen der theologischen Metaphorik und der bloßen Ortsbezeichnung artikuliert sich augenfällig im religiösen Kniefall und Gebetsgestus, d.h. in der körpersprachlichen Hinwendung nach oben zu dem früher im „Himmel“[270] verorteten vermeintlichen Gott, die sich in Wirklichkeit aber bloß an das Wetterge-

---

265 Widersprüche lassen sich oft in klerikalen Witzen, Satiren und Karikaturen finden, wie z.B. die Frage eines Kindes, wie Gott den Lärm der Flugzeuge aushalte, die täglich in seiner himmlischen Nachbarschaft herumfliegen.

266 Am Beispiel des „Paradieses“ s. hierzu Bellarmin (1873), zit. i. Flasch 2015, S. 83 f., Flasch 2004, S. 70 f.

267 Flasch 2015, S. 86.

268 Topitsch 1960, S. 233 ff.; Wehler 2007, S. 193 f.; Hoerster 2010, S. 117/118; Degenkolbe 1965, S. 327 ff.

269 S. Flasch 2015, S. 247 ff., S. 160, 165: Der Gott Israels ist lt. Bibel (Exodus 3,2 und 3.6) ursprünglich ein Berggott, Feuergott und Wettergott.

270 Flasch 2013, S. 165.

schehen, die Atmosphäre und den darüber liegenden lebensfeindlichen Weltraum richtet, also natürliche Gegebenheiten, die leider „unerbittlich“ sind.

Das Fehlen einer augenscheinlichen Präsenz und direkten Ansprechbarkeit Gottes sowie das Auftreten von Krankheiten, Katastrophen, Kriegen, die jeden Menschen ungeachtet seiner Frömmigkeit und seines Lebenswandels treffen können und die der allgütige Gott zulässt (Theodizee), kommentieren Gläubige oftmals mit resignativen Redensarten wie „Gottes Ratschluss ist unergründlich“.[271] Angesichts ihrer Erklärungsnot liegt jedoch eine ganz andere Feststellung nahe: Es gibt keinen personalen Gott und deshalb auch keinen göttlichen Schöpfer, Erzieher und Richter, der im Himmel residiert und von dort aus wie ein Buchhalter unser Leben bis ins einzelne kontrolliert. Diese Gottes-Rollen (eigentlich feudale „*Herren*-Rollen“) sind nur Projektionen bzw. anthropomorphe Zuschreibungen, welches schon antike Philosophen (z.B. Xenophanes (570–470 v.Chr.))[272] gesehen haben.

Umso weniger ist die Vehemenz zeitgenössischer Glaubenseiferer akzeptabel, die ihren Glauben für eine Offenbarung Gottes halten und deshalb mit der Wahrheit gleichsetzen. Auch wenn der Glaube noch so fanatisch und womöglich unter Androhung von Sanktionen oder nackter Gewalt eingefordert wird – den Wissensmangel kann er nicht kompensieren. Immer mehr Glaubensinhalte verlieren ihre Jahrhunderte- bzw. Jahrtausende lang geübte magische Evidenz durch den Fortschritt der wissenschaftlichen Erkenntnis und das dadurch erhaltene bessere Wissen, das auf unvoreingenommenen, sachbezogenen, logisch begründeten Evidenzen, empirisch begründeten Wahrscheinlichkeiten und Beweisen fußt. Der rationale und vernunftgeleitete Fortschritt des Wissens ist inzwischen so weit gediehen, dass wir Menschen nun in der Lage sind, die Voraussetzungen unserer Existenz, unser Sosein und die weitere Entwicklung unserer Lebensbedingungen real angemessen und ohne einen Gottesbezug zu definieren und zu er-

271 Das hier angesprochene Problem der Theodizee ist bis heute nicht gelöst und auch nicht lösbar (Hoerster 2010, S. 87 ff.; Mackie 1985, S. 239 ff.).

272 S. Mauthner 2011, S. 73 ff.; Lohfink weist darauf hin, dass wir bei religiösen Aussagen immer auf Projektionen angewiesen sind (Lohfink 2014, S. 34), und begründet das damit, dass der Mensch Gott nur mit Hilfe sprachlicher Bilder erfassen kann, die von seiner Erfahrung ausgehen.

klären. Der Wissensfortschritt ist freilich nicht zu Ende, sondern bedarf eines dauerhaften Diskurses, zu dem tätig beizutragen jeder denkende Mensch aufgerufen ist. Vernunft und Rationalität wirken durch sich selbst. Die religiöse Weltanschauung ist eine Epoche der menschlichen Geistesgeschichte, die ihrem Ende zugeht. Sie ist zu ersetzen durch eine Wissenskultur, in der die Vervollkommnung des Wissens durch Wissenschaft zugleich Weg und Ziel ist.

Die Erde, unser Heimatplanet

Ort unserer Existenz ist der Planet Erde. Er befindet sich in einem Sonnensystem der Galaxie „Milchstraße". Das ist der Inhalt einer Botschaft, die seit den 70er Jahren des 20. Jhs. auf einer Datenplatte an Bord der Weltraumsonden Voyager 1 und 2 einer angenommenen Zivilisation im Weltraum zur Kenntnis gebracht wird, die sie zu lesen versteht. Die Botschaft enthält eine Positionsbestimmung der Sonne bzw. Erde in Relation zu 14 Pulsaren und zum Zentrum der Milchstraße sowie eine schematische Darstellung des Sonnensystems. Darüber hinaus sind auf der Platte wissenschaftliche, technische und künstlerische Daten gespeichert, die den Empfänger der Botschaft über die wichtigsten Leistungen der Menschheit und ihres kulturellen Entwicklungsstandes informieren sollen. Insgesamt enthält die Platte somit ein Profil des Wissens und Könnens unserer Zeit.

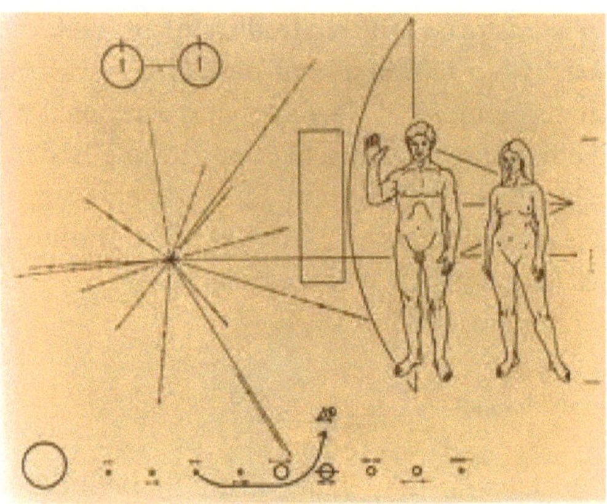

Abb. 3: Plakette der Voyager-Sonden 1 und 2 (Quelle: NASA)

Mit zunehmendem Wissen über den Weltraum und seine strukturelle Ordnung ist die religiöse Bedeutung des Planeten deutlich relativiert worden. Nicht mehr bloß die Erde steht in Frage, sondern die komplexe Organisation des Kosmos und die Erde als ein kleiner Bestandteil desselben ist das zu klärende Problem. Weder ist die Erde eine Scheibe, um die sich eine Sonne dreht, noch ist das Sonnensystem, in dem sie sich befindet, unter den Sonnensystemen hervorgehoben. Mit der Erkenntnis der Kugelgestalt des Planeten und der anderen Himmelskörper verliert vor allem die religiöse Oben-Unten-Metaphorik ihren Sinn. Im Weltraum gibt es weder einen Himmel (oben) als Wohnstatt Gottes bzw. des Guten, noch eine Hölle (unten) als Ort des Teufels bzw. des Bösen oder gar des Reiches des Todes. Im Blick auf die Erde vom Weltraum her[273] erweist sich die Oben/Unten-Struktur als eine

273 In moderner Weltsicht ist das eigentlich der Standort und die Perspektive des biblischen Gottes (s. Genesis 1, 31: Und Gott sah alles, was er gemacht hatte.). Merkwürdig ist, dass im biblischen Schöpfungsbericht nicht die Kugelgestalt des Planeten erwähnt wird, die selbst Gott doch hätte sehen müssen. Der Blick aus dem Weltraum auf den Planeten steht jedenfalls im Widerspruch zu der biblischen Ganzheitsvorstellung „Himmel und Erde" und ihre Vielfalt (Genesis 2, 1), die dem ptolemäischen Weltbild, oder vermutlich noch älteren, vielleicht jungstein- u/o bronzezeitlichen Konstrukten entspricht. Eine interessante Frage ist, wie man sich das Leben, die Natur und die Umweltbedingungen (z.B. Klima/Wetter) vorzustellen hätte, wenn die Sonne sich tatsächlich um die Erde drehen würde und/ oder die Erde eine Scheibe wäre!?

Frage des Standortes und der damit verbundenen Perspektive. Sie ist erdgebunden und tritt mit zunehmender Entfernung von der Erde in ihrer Bedeutung immer weiter zurück.[274] Gleichermaßen sind auch der blaue Himmel und die darauf bezogene göttliche Lichtmetaphorik nur der irdischen Atmosphäre und der sie erhellenden Sonne zu verdanken. Der Gegensatz von Licht und Finsternis hat nichts mit „Gut" und „Böse" zu tun, sondern ist mit der Drehung der Erde um sich selbst (Tag/Nacht-Rhythmus) sowie um die Sonne (jahreszeitliche Veränderungen der Tag/Nacht-Längen) zu erklären. Ebenso sind weder Sonnenfinsternisse noch Sternschnuppen, Kometen und andere Himmelskörper göttliche Zeichen. Nichtsdestoweniger entsteht in uns angesichts der schwarzen Unendlichkeit des Weltalls und der Begrenztheit unseres Lebensraums das beklemmende Gefühl der Verlorenheit sowie die Erkenntnis, dass wir als Individuen und als Gattung existentiell auf diesen Planeten angewiesen sind, und schließlich, dass wir als Menschen solidarisch sein müssen, wenn wir unsere Existenz erhalten wollen.

Abb. 4: Bild des Planeten Erde (Quelle: NASA)

274 Im Weltraum haben Zeit und Raum nur relativ zu einem Referenzpunkt eine Bedeutung.

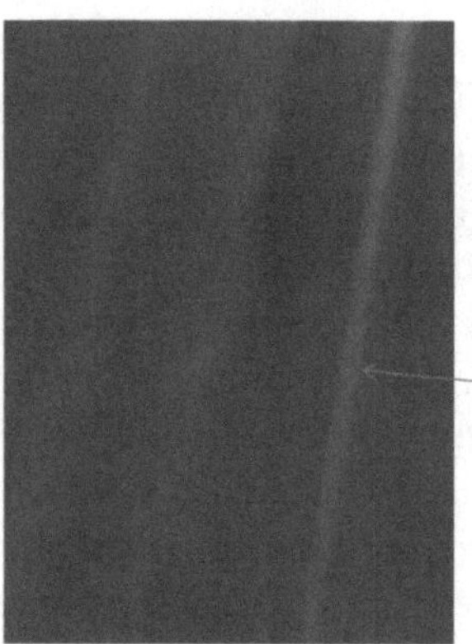

Abb. 5: Die Erde als winziger hellblauer Punkt (Pale Blue Dot) (aufgenommen am 14.02.1990 von Voyager 1 aus 6,4 Milliarden Km Entfernung)(Quelle: NASA)

Der Planet Erde ist nicht die Schöpfung einer göttlichen Person[275]; er entwickelte sich durch eine spezifische Konstellation kosmischer Kräfte, welche eine lebensfreundliche Umwelt, die Entstehung der Natur und damit biologischer Systeme bis hin zum Menschen als evolutionäres System permanenter Bewegung zwischen Werden und Vergehen ermöglicht hat.[276] Diese Konstellation ist veränderlich und nicht auf Dauer stabil. Die Natur, der Planet, das Sonnensystem, die Galaxien, das Weltall haben keinen Sinn, der über sie selbst hinausweist. Die Kräfte der Natur sind weder göttliche Erziehungsmaßnahmen, Bestrafungen oder Belohnungen, Rache- oder gar Gnadenakte noch durch religiöses bzw. moralisches Wohlverhalten, Opfer, Gebete, Wünsche und Beschwörungen von Menschen zu beeinflussen. Sie agieren und reagieren in einem mehr oder weniger komplexen selbstreferentiellen Funktionsgefüge, dessen Bestandteile, Ereignisse und Vorgänge sowie dessen Ursachen, Bedingungen und Folgewirkungen wir dank (natur-) wissenschaftlicher Forschung immer besser verstehen und mehr oder

275 Der Schöpfungsmythos der Bibel ist nur auf den Planeten Erde zu beziehen. Die Entstehung anderer Planeten oder gar des Weltraums insgesamt ist darin nicht angesprochen.

276 Vgl. Oschmann 2016 und Walter 2016.

weniger für unsere Zwecke nutzen können[277]. Auch wenn wir in der Lage sind, schädliche Prozesse wie Krankheiten, Katastrophen und Kriege durch technische und organisatorische Maßnahmen z.T. abzumildern und mitunter auch abzuwenden, gilt: Wenn wir überleben wollen, müssen wir uns durch besonnenes Handeln an dieses Funktionsgefüge anpassen und es beherrschen lernen. Unser Leben ist in die Natur eingebettet und nur in ihr und mit ihr sinnvoll. Wir Menschen sind selbst Natur, evolutionär durch Mutation und Selektion als Gattung entstanden und der weiteren Evolution in unseren Kindern unterworfen. In unserem Sein und Handeln sind wir verantwortlich für die Schaffung und Erhaltung natürlicher Lebensbedingungen, also lebensfreundlicher natürlicher Gegebenheiten und Prozesse, soweit sie unserer Einwirkung zugänglich sind. Angelehnt an Kants kategorischen Imperativ ist hierfür der Imperativ der Verantwortungsethik von Jonas konstitutiv: „Handle so, dass die Wirkungen deiner Handlung verträglich sind mit der Permanenz echten menschlichen Lebens auf Erden“[278] .

Toleranz gegenüber Andersgläubigen

Die durchaus verdienstvolle kulturprägende und staatstragende, d.h. die Macht des Klerus und des Adels legitimierende Funktion der Religion früherer Epochen hat sich im Zuge der Aufklärung und Demokratisierung inzwischen überlebt. Nicht mehr die den angeblichen Willen Gottes auslegenden Priester entscheiden über gesellschaftliche Machtpositionen, sondern das Volk in der Wahlabstimmung. Religionen sind mehr oder weniger zur Privatsache geworden, denen gegenüber der Staat neutral und tolerant ist, obwohl nicht alle Religionen gleichermaßen die Menschenrechte im Sinne der UNO-Charta (Toleranz gegenüber Andersgläubigen, körperliche Unversehrtheit, Gleichheit von Mann und Frau etc.) achten. Die christlichen Kirchen haben

---

277 S. das Konzept der habitablen Zone: Leben ist nur auf Planeten möglich, die in der Umlaufbahn um ein Zentralgestirn drei Bedingungen enthalten, Komplexe Chemie, Energie und flüssiges Wasser (Stracke und Michel, in: Anderl, S.: Fremde Welten, fremdes Leben. FAZ 27.05.2015, Nr. 120, S. N2).

278 Jonas,H. (1979): Das Prinzip Verantwortung. Frankfurt (Insel), S. 36.

diese Toleranz akzeptiert und gelernt, sie zu leben; nicht jedoch der Islam. Seine „Dogmen", wie die Auffassung des Korans als unveränderliches Gotteswort, das Bilderverbot, die rechtliche Zurücksetzung der Frau gegenüber dem Mann und die Todesdrohung gegenüber Ungläubigen und Austrittswilligen verhindern jede Toleranz. Ausdruck dieses Denkens ist das islamische Gesetzeswerk, die Scharia, die deshalb mit unserer Rechtsordnung, vor allem mit den Grundrechten, nicht vereinbar ist. Gerade im Hinblick auf den gegenwärtig grassierenden IS-Terrorismus bzw. das IS-Kalifat[279] ist eine Reform der islamischen Religion deshalb unverzichtbar. Im Wesentlichen geht es um eine Überwindung des islamischen Dogmas, der Koran sei Gottes Wort, das der Mensch bzw. der Gläubige nicht verändern dürfe. Demgegenüber steht die Auffassung, dass der Koran eben nicht Gottes Wort ist, sondern von islamischen Autoritäten des 7. Jhs., zu denen auch Mohammed zu zählen ist, aus Gründen der Erringung und des Erhalts von Machtpositionen hervorgebracht wurde. Neueste historisch-kritische Untersuchungen der Korantexte belegen deren Geschichtlichkeit und damit auch die Selbstverständlichkeit, dass der Koran im Kontext seiner Entstehungszeit zu sehen und zu deuten ist[280].

Nicht nur in religiös bedingten Streitigkeiten, auch in weltlichen Konflikten betrachten wir es als ein unverzichtbares Ziel, den Ausgleich unterschiedlicher Interessen und Wertvorstellungen durch Verhandlungen und argumentativ begründete Entscheidungen zu suchen. Kompromisse sind für religiös Gläubige nur dann möglich, wenn sie den Wahrheits- bzw. Absolutheitsanspruch ihres Glaubens aufgeben und den Glauben Andersgläubiger respektieren. Einen wahren Glauben kann es prinzipiell nicht geben, da die letztgültige Entscheidung darüber, ob etwas wahr ist, nur auf Wissensgrundlagen getroffen werden kann. Der Glaube kann allenfalls subjektive Wahrscheinlichkeit beanspruchen. Das Konzept von Wahrscheinlichkeit räumt grundsätzlich ein, dass es auch Evidenzen gibt für andere Glaubensinhalte. Diese zu respektieren verlangt nach Toleranz und von einem Gläubigen damit auch die Bereitschaft, zu einer Gottheit zu beten, von deren Wirklichkeit er nur mit einer Wahrscheinlichkeit zwischen 75 % und 51 %

279 S. Geus 2015.
280 S. neuerdings Abdel-Samad 2015, S. 151 ff.

überzeugt ist[281]. Die Kehrseite ist eine breite geschichtliche Erfahrung, dass die 100-prozentige „Gottesgewissheit" der Nährboden für Intoleranz, Hass, Missgunst und Feindschaft gegenüber Andersgläubigen ist. Ihre orthodoxen Protagonisten wollen durch Missionierung und Zwang Toleranz und Glaubensfreiheit beseitigen, wobei ihr Einfluss letztlich zu Gewalttaten führt, die immer neue Gewalttaten nach sich ziehen. Gewaltherrschaft und Krieg können Glaubensprobleme nicht nachhaltig lösen. Sie sind Teil des Problems.[282]

Abb. 6: Rathaus Münster, Friedenssaal: „Die Streitenden" (ca. 1536) © LWL-Medienzentrum für Westfalen[283]

Prosoziales Handeln

Neben der Überbrückung von Nicht-Wissen und der – religiösen – Erklärung natürlicher Ereignisse ist der wichtigste Grund religiösen Denkens, die Gläubigen dazu anzuhalten, ethisch-moralische Regeln

281 S. Schnädelbach (2007), 2009, S. 84.

282 Diese historische Erfahrung vermittelt in eindrucksvoller Weise der westfälische Friede von 1648 (Mauthner 2011, S. 278).

283 Moralisierende Darstellung „sinnloser Streitlust" als einem menschlichen Laster (Dethlefs 1996, S. 49).

im Umgang miteinander und gegenüber Andersgläubigen zu achten bzw. umzusetzen. Dazu braucht es eine subjektiv notwendige und hinreichende Begründung für gutes, d.h. prosoziales Handeln. In den abrahamitischen Religionen (Judentum, Christentum, Islam) geschieht dies durch die Konstruktion einer außerirdischen bzw. jenseitigen Macht, die unsere Geschicke lenkt, sich selbst aber nicht zu erkennen gibt. Diese Macht heißt Gott und ihr Reich ist der Himmel. In Gottes Reich können nur Menschen bzw. deren unsterbliche Seelen eingehen, die Gutes tun. Bösen Menschen ist der Zugang in dieses Reich verwehrt. Sie sind des Teufels und ihr ewiger Platz ist die Hölle. Die einfache Sinnformel nach dieser Theorie: Wer nach dem Tode ewig und gleichzeitig angenehm leben will, muss in seinem irdischen Leben Gutes tun bzw. darf keine Sünden begehen. Was gut und böse ist, bestimmt und überwacht die Priesterschaft im Auftrag Gottes. Religionsgeschichtlich bzw. paradigmatisch ist dieser Zusammenhang in der biblischen Erzählung von Gottes Proklamation des jüdischen Volkes zu einem Königreich von Priestern[284] und der Übergabe der Tafeln mit den Zehn Geboten an Moses (religiöse Legitimation der Ethik)[285] belegt. In allen Religionen ist das Verhältnis zwischen Religion und Ethik konvergent, wenn auch verschieden begründet[286].

Schon in den Anfängen der Aufklärung erhob sich die Frage, wie jemand dazu veranlasst werden kann, moralisch/ethisch gut zu handeln, wenn er nicht an einen Gott glaubt. Die Vertreter der Religion argumentieren stets, dass nur der Gläubige nach Maßgabe seiner Religion dazu in der Lage ist. Demgegenüber führen Atheisten Beispiele an, aus denen hervorgeht, dass auch Ungläubige prosozial handeln können, mehr noch: dass die Moral natürliche Wurzeln hat.[287] Aus den Missbrauchsfällen, die im Jahr 2015 bekannt wurden, geht außerdem hervor, dass Gläubige, ja sogar Priester, obwohl zutiefst religiös, moralisch schlecht handeln können.

---

284 Exodus 19, 6.

285 Exodus 20. Dass diese nicht konfliktfrei verlief, zeigt die Geschichte vom Goldenen Kalb (Exodus 32).

286 Ratschow (1980, S. 72). Der Autor zeigt diesen Zusammenhang am Christentum und Buddhismus, zu dessen ethischen Fundamenten auch ein Dekalog zählt (S. 64 f.).

287 Verplaetse (2011), Roth (2015).

Es darf allerdings nicht übersehen werden, dass der religiöse Glaube traditionell der Idee des Guten bzw. des ethisch richtigen Handelns im Sinne uneigennütziger prosozialer Mitmenschlichkeit (Zehn Gebote im jüdisch-christlichen Glauben, Fünf Silas im Buddhismus) verpflichtet ist[288]. Die Vermittlung, Etablierung und Wahrung prosozialer Werthaltungen in der Gesellschaft ist und bleibt eine wichtige Aufgabe weltanschaulicher bzw. ethischer Lehre. Die religiös-metaphysische Verankerung prosozialen Handelns – d.h. das Versprechen himmlischer Belohnung bei gutem Handeln bzw. die Androhung höllischer Bestrafung/Verdammnis[289] bei bösem, d.h. asozialem bzw. antisozialem Handeln – ist freilich nur eine von vielen religiösen und weltlichen Möglichkeiten seiner Motivierung. Angesichts der Erkenntnis sozialwissenschaftlicher Forschung, dass die Definition dessen, was gut ist, je nach Interessen und Mentalitäten historisch und örtlich wandelbar und im Hinblick auf die situative Komplexität des Handelns sorgfältiger Auslegung bedarf, bietet ein pragmatisches und historisch-kritisches Denken in dieser Frage eine überzeugendere Lösung. Religion ist kein notwendiger Bestandteil des menschlichen Lebens[290].

Grundsätzlich lässt sich prosoziales Handeln als **ein von der Vernunft geleitetes ethisches Grundmotiv** begreifen, das sich in den **Verhaltenszielen der Selbsterhaltung und der Arterhaltung** manifestiert.[291] Getreu dem Motto **„Der Sinn des Lebens ist das Leben"** kann es als regulatives Prinzip einer moralischen Grundorientierung begriffen werden, das keiner weiteren Legitimation bedarf[292]. Dem entspre-

288 Mauthner 1920–1923 bzw. 2011, 4, S. 158 zit. Schopenhauer (1851), 1986, Bd. V, S. 402: „In allen Religionen sei das Metaphysische falsch, das Moralische wahr". „Dies ist ein Beleg für die Regel aus der formalen Logik, dass aus falschen Prämissen eine wahre Konklusion folgen kann" (Schopenhauer a.O.); s.a. Forberg (1798, S. 46).

289 Die Vorstellung einer „ewigen" Strafe ist widersprüchlich, da der Zweck der Strafe per definitionem Besserung und nicht Rache ist (s. Stosch 1692, zit. bei Mauthner 1920–1923 bzw. 2011, 3, S. 208).

290 Kahl 2011, S. 87.

291 Der Vorschlag des Philosophen J.G.Fichte, das Gute bzw. prosoziale Handeln selbst als moralische Weltordnung zu vergöttlichen, bietet eine religionsähnliche, aber nicht metaphysische Basis der Verankerung dieses ethischen Grundmotivs in der Gesellschaft (Fichte 1798 bzw. 1969, S. 35). Eine systematische Ausarbeitung und rationale Begründung der Moral hat Gert (1983) vorgelegt.

292 Vgl. Kadlec 1976, S. 13.

chend besteht „eine *unbedingte Pflicht* der Menschheit zum Dasein“[293]. Dennoch braucht es eine Ethik, die alle rationalen Menschen als verbindlich anerkennen[294]. Getragen vom Motiv des Mitleids[295], von dem Prinzip „Jeder ist verpflichtet, den anderen als Person zu achten“[296] und analog „Jeder hat das Recht, von anderen als Person geachtet zu werden“[297] lässt sich als rationaler Hauptgrund moralischen Handelns „die Vermeidung der Verursachung von Übeln bei anderen Menschen“[298] nennen. Dieser Grund liegt auch im rationalen Selbstinteresse des handelnden Menschen [299]. So begründet gibt Gert[300] zehn Regeln an, die jeder rationale Mensch einhalten soll:

1. Du sollst nicht töten
2. Du sollst keine Schmerzen verursachen
3. Du sollst nicht unfähig machen
4. Du sollst nicht Freiheit oder Chancen entziehen
5. Du sollst nicht Lust entziehen
6. Du sollst nicht täuschen
7. Du sollst Deine Versprechen halten
8. Du sollst nicht betrügen
9. Du sollst dem Gesetz gehorchen
10. Du sollst Deine Pflicht tun

Gegenüber dem Mittelalter ist das prosoziale Handeln heute im Wesentlichen gesetzlich normiert und in Gesetzbüchern kodifiziert, d.h. die Einhaltung der Normen kann durch die Staatsmacht erzwungen werden. Für ethisch richtiges Handeln genügt es freilich nicht, die durch die Volksvertretung legitimierten Gesetze buchstabengetreu einzuhalten. Es braucht auch den guten Willen, sie mit Leben zu erfüllen, wobei freilich auf ein ausgeglichenes Verhältnis zwischen Selbstbezug

293 S. Jonas 1979, S. 80, 85, 86, 186.
294 Gert 1983, S. 262.
295 Schopenhauer (1840), 1986, S. 740 ff.
296 Kutschera 1982, S. 309 betrachtet dieses Prinzip als „ethisches Grundprinzip“.
297 Kutschera 1982, S. 315/316.
298 Gert 1983, S. 272 f.
299 Gert 1983, S. 129, 272 f.
300 Gert 1983, S. 176.

und Fremdbezug zu achten ist.[301] In seinem „Manifest des evolutionären Humanismus" hat Schmidt-Salomon einen Katalog von 10 Geboten als Grundlage einer säkularen Ethik des Verhaltens[302] vorgeschlagen, der im wesentlichen Fairness im Umgang mit anderen und mit sich selbst - also Offenheit für bessere Argumente, Selbstvertrauen und Kritikfestigkeit - empfiehlt. In einem weiteren Rahmen entspricht dies den Regeln der kommunikativen Verständigung[303] und vor allem der kommunikativen Ethik, wie sie Habermas unter dem Begriff der Diskursethik mit dem Ziel des „herrschaftsfreien Dialoges" versteht[304].

Der Mensch und seine sterbliche Seele

Das Leben jedes einzelnen Menschen hat einen biologischen Anfang, d.i. die Zeugung bzw. Geburt bzw. der erste Atemzug und ein biologisches Ende, d.i. der Tod bzw. der letzte Atemzug. Bei der Zeugung kombinieren sich die Gene des Vaters und der Mutter in einem komplexen Zusammenspiel zu einem spezifischen Genprofil bzw. Genom, welches die Entwicklung und Ausformung des Organismus, seinen Phänotypus bestimmt. Die in manchen Religionen vorherrschende Annahme einer irgendwie gearteten Vorrangigkeit des Männlichen gegenüber dem Weiblichen oder umgekehrt entbehrt jeder Grundlage. Für das in seiner Komplexität einzigartige Individuum gibt es kein Leben vor oder nach dem Leben. Sein Leben ist zwar von der Todesgewissheit begrenzt, verläuft aber nicht nach einem vorgegebenen Schicksalsplan, sondern entwickelt sich in Abhängigkeit von der persönlichen Interaktion mit situativen und Umweltbedingungen, sowie nach Zufall und Notwendigkeit[305]. Mit der Geburt beginnt ein Prozess der Enkulturation in die Gesellschaft durch Reifung und Erziehung, an dessen gelungenem Ende ein Individuum steht, dessen Bewusstsein

301 Dieser Ausgleich wird besonders betont in der „Goldenen Regel": „Behandle den anderen so, wie du selbst behandelt werden willst" und im Gebot der Nächstenliebe: „Liebe deinen Nächsten, wie dich selbst".

302 Schmidt-Salomon 2006, S. 156 ff.

303 Schulz von Thun 1981; Watzlawick/Beavin/Jackson 1969.

304 Habermas 1983, S. 53 ff. und S. 127 ff.

305 Monod 1975.

und Denkvermögen im Unterschied zu anderen Lebewesen des Planeten ihm die Möglichkeit bietet, seine Bedürfnisse und deren Befriedigung selbstbestimmt und in Abwägung gesellschaftlicher Wertvorstellungen zu realisieren. Es gibt zwar eine Seele; sie ist aber nicht unsterblich[306]. Das als Ausdruck der Seele aufgefasste Gefühl der Selbstidentität, d.i. das mit dem Personennamen und Personalpronomen bezeichnete einzigartige[307], komplexe, seiner selbst bewusst seiende Individuum bezieht sich auf den Organismus insgesamt und ist mit diesem schicksalhaft verbunden. Selbst-Bewusstsein, Denkvermögen und Handlungsfähigkeit sind gekoppelt an das Funktionsgefüge unseres Organismus[308], das im Stadium des Erwachsenenalters am besten entwickelt ist. Das Kind, der Jugendliche, verfügen noch nicht, der Kranke vorübergehend nicht und der hochbetagte Greis oft nicht mehr über die Fähigkeit, ein selbstbestimmtes Leben zu führen. Sie brauchen mehr oder weniger die Hilfe gesunder Erwachsener. Das Ende des Lebens bedeutet das Aufhören der organismischen Funktionen, d.h. auch das Ende des Denkens und des Bewusstseins. Nach Tod und Verwesung gehen die Bestandteile unseres Körpers über die Humusschicht des Erdbodens in den biologischen Kreislauf des Lebens über und ermöglichen damit die Fortsetzung der Evolution d.h. neues Leben, freilich in anderer Form[309]. Der Name des einzigartigen Individuums und somit seine Identität bleiben so lange im Gedächtnis, so lange sich irgendein lebender Mensch daran erinnert.[310]

---

306 Diese Erkenntnis findet sich bereits bei Lucretius (100–55 v.Chr.) in dem Gedicht „De rerum natura", s. Mauthner 2011, Band 1, S. 120; s.a. Hume (1757), 2000, S. XL und S. 84 ff.

307 Unverwechselbare Erkennungsmerkmale sind der Gesichtsschnitt (Passbild), der Fingerabdruck und die DNA-Struktur.

308 Bering 2010, S. 177; s.a. Roth, G. (2015), ders. In FAZ 03.08.2015, Nr. 179, S. N 2.

309 In ritualisierter Form ist diese Erkenntnis bei vielen Beerdigungen zu hören: Von Erde kommst du, Erde bist du, zu Erde kehrst du zurück.

310 Leute, die sich durch ihre Leistung u/o gesellschaftliche Position einen Namen gemacht haben, können freilich noch in Äonen im Gedächtnis bleiben.

Abb. 7: Lebenstreppe, anonym bei F. Campe, Nürnberg, 1.Hälfte des 19.Jhs. (gemeinfrei)

Beachtung der Menschenrechte

Unser Denken und Handeln richtet sich nach zwei grundlegenden Wertvorstellungen: dem Streben nach Erhaltung und Entfaltung von uns selbst als Individuen und dem Streben nach Erhaltung und Entfaltung unserer Gattung (Art) bzw. unserer Referenzpopulation[311]. Diese Werte sind zwar schon in unserer Natur genetisch vorgegeben bzw. auf der Triebebene angelegt[312] und durch die Sozialisation als egoistische versus altruistische Verhaltenstendenzen in ihrer Ausprägung akzentuiert; ihre gesellschaftliche und je persönliche Ausgestaltung, d.h. die Ausgewogenheit des Verhältnisses zwischen Egoismus und Altruismus (*selfishness* und *benevolence*)[313] ist jedoch kulturell von Verstand und Vernunft vermittelt. Die durch geschichtliche Tradition vermittelten und aus paradigmatischen Konflikten abgeleiteten komplexen Wertdefinitionen begründen und verändern Kultur und schaffen Sinn und

311 vgl. Kadlec 1976.

312 S. Mohr 1995, S. 84: „Wir brauchen moralisches Verhalten nicht zu lernen – es ist eine angeborene Disposition, die uns befähigt, das moralisch Richtige zu tun“.

313 Kutschera 1982, S. 151.

Identität, die sich freilich interkulturell unterscheiden. Die Unterschiede zeigen sich in den Religionen, philosophischen Lehrmeinungen, den Lebensarten und Sitten sowie in Kunst und Literatur.[314] Entsprechend entwickelt sich das Identitätsgefühl im Bewusstsein der Zugehörigkeit zu einer Referenzpopulation, die die jeweilige Kultur hervorgebracht hat und weiterentwickelt. Auf die Mitglieder dieser Gemeinschaft bezieht sich unser „Wir"-Gefühl, d.h. es sind die Leute, mit denen wir gemeinsame Werte teilen, die gleiche Sprache sprechen und solidarisch sind. Sie sind für uns im ethischen Sinne die „Nächsten". Das prosoziale Gefühl für „die anderen" hat sich im Laufe der Geschichte immer mehr erweitert, d.h. von der Horde über die Sippe zum Stamm, zur Volksgemeinschaft, zum Nationalstaat, zum Staatenbund und schließlich zur Weltgemeinschaft in Gestalt der Vereinten Nationen. Für prosoziales Handeln sind die Menschenrechte und das Völkerrecht die ethisch-rechtliche Grundlage. Mit der UNO-Charta der Menschenrechte sind wir nun zum ersten Male in der Menschheitsgeschichte auf dem Weg zu einem Identitätsbewusstsein, welches sich auf die gesamte Menschheit bezieht[315].Das Zusammenleben der Menschen untereinander gestaltet sich nach Gesetzen, Regeln und Konventionen, die aus ethischen, religiös fundierten, inzwischen teilweise kulturell verweltlichten Traditionen und aus der Auseinandersetzung mit Herrschaftsverhältnissen stammen, sowie nach Rechten und Pflichten aus vertraglichen Abmachungen. Eine zukunftsweisende Ethik mit Weltgeltung verkörpert das Projekt „Weltethos", das auf Initiative des Theologen Hans Küng 1990[316] entstand und im Jahre 1993 vom „Parlament der Religionen" in einer gemeinsamen Erklärung vorgestellt wurde. Aufbauend auf der „Goldenen Regel"[317], die zum Kernbestand der Moralphilosophie gehört, werden darin ethische Grundsätze formu-

---

314 Der über die Jahrhunderte angesammelte Fundus an künstlerischen Darstellungen religiöser Symbole und Inhalte in Architektur, Bildhauerei und Gemälden gehört zu unserem kulturellen Erbe und ist Bestandteil unserer Kultur.

315 Diesen Weltbezug hat schon Kant 1795 in der Schrift „Zum ewigen Frieden" angesprochen, wonach „...die Rechtsverletzung an einem Platz der Erde an allen gefühlt wird" (Kant-Werke, Band 9, S. 194 ff., hier S. 216).

316 Küng 1990; 1993.

317 Die „Goldene Regel" als Maxime der Reflexivethik ist bereits bei Kung fu tse (lat.: Konfuzius)(551-479 v.Chr.)(Wilhelm 1967, Buch XII, 2; Philippidis 1929, S. 62 ff.) und im Buddhismus belegt (Philippidis a.O., S. 74 ff.). Offen ist, ob die Regel in

liert, die so oder so ähnlich in vielen Religionen der Welt vorkommen. Sie sind als Beitrag der Religionen für ein friedliches Miteinander der Menschheit von großer Bedeutung.

Wissensfortschritt und Besonnenheit, Toleranz und Kompromissbereitschaft, Verantwortungsbewusstsein, Vernunft und Bindung an die Menschenrechte – das sind die Werte, deren Berücksichtigung ein freies und selbstbestimmtes, menschenwürdiges und weitgehend friedvolles Leben in der Gesellschaft ermöglicht. Es sind die Werte der westlichen Zivilisation. Sie sind in der allgemeinen Erklärung der Menschenrechte der UNO (1948) weltweit akzeptiert[318]. Eine weitergehende Ergänzung wurde in dem Entwurf für eine „Allgemeine Erklärung der Menschenpflichten" der UNO am 1. Sept. 1997 vorgelegt, bisher aber noch nicht angenommen.

mündlicher Tradition (Wilhelm, a.O., S. 33) über die Seidenstrasse in den Nahen Osten gelangt ist oder umgekehrt (Dihle 1962, S. 10, Fußnote 2), oder ob sie unabhängig an mehreren Orten entstanden ist (Pilippidis a.O., S. 96).

318 Fassbender, B. (2009).

Zusammenfassung

Der Beitrag ist ein Versuch, Grade des Glaubens in der christlich abendländischen Gesellschaft an die Existenz Gottes im Rekurs auf anerkannte religiöse bzw. weltanschauliche Lehren darzustellen. Zur Unterscheidung der Glaubensgrade dient eine 9-stufige Skala. Unterscheidendes Kriterium ist dabei die subjektive Wahrscheinlichkeit der Existenz Gottes. Ausgehend von der Annahme, dass jede Weltanschauung einen jeweils spezifischen theistischen (Offenbarungswissen) und einen non-theistischen (Erfahrungswissen) Wissensanteil hat, repräsentiert jeder Skalenwert ein entsprechendes Glaubens- bzw. weltanschauliches Konzept, welches sich aus der ihm zugeordneten Lehre ergibt. Berücksichtigt werden: Orthodox Glaubende, Reformierte, am Nutzen orientierte Glaubende, Deisten, Indifferente, liberal-religiöse Pragmatiker, christliche bzw. religiöse Existentialisten, Atheisten und atheistische Existentialisten bzw. evolutionäre Humanisten. Die Wahrscheinlichkeitsgrade selbst stammen aus der juristischen Beweislehre. Es sind die Grade: mit an Sicherheit grenzender Wahrscheinlichkeit (fast 100%), überwiegende Wahrscheinlichkeit (> 90%), hohe Wahrscheinlichkeit (> 75%), einfache Wahrscheinlichkeit (> 50%).

Im dritten und vierten Kapitel werden die dargestellten Glaubenslehren bzw. Weltanschauungen im Hinblick auf ihre Vereinbarkeit mit einer demokratischen Gesellschaft untersucht. Eine subjektiv empfundene Glaubensgewissheit mit ihrem Konzept des „wahren Glaubens" erweist sich angesichts der Evidenz säkularen Wissens intersubjektiv als nicht begründbar. Sie leistet der Intoleranz Vorschub. Die dazu gegensätzliche Glaubenslosigkeit ist nicht als Absturz ins weltanschauliche Nichts und als Kulturverlust zu interpretieren, wenn sie mit einer Zuwendung zum diesseitigen Leben und zu einem ethisch verantwortungsbewussten Umgang mit allen Menschen verbunden ist. Ein friedvolles und tolerantes Zusammenleben kann nur gewährleistet sein, wenn die Glaubenden den absoluten Wahrheitsanspruch ihres Glaubens aufgeben und bei allen religiösen Aussagen über die Existenz

Gottes einen Wahrscheinlichkeitsvorbehalt als Ausdruck moderater Religiosität akzeptieren. Zum Schluss nennt der Autor einige Argumente für eine non-theistische wissensfundierte – gleichwohl undogmatische und zukunftsoffene – Weltanschauung, hinter der sich sowohl moderat religiös Glaubende als auch säkular überzeugte Menschen versammeln können.

Literatur

Abdel-Samad, H. (2015): Mohamed. Eine Abrechnung. München (Droemer)

Albert, H. (1971): Plädoyer für kritischen Rationalismus. München (Piper)

Albert, H. (1979): Das Elend der Theologie. Kritische Auseinandersetzung mit Hans Küng. Hamburg (Hoffmann & Campe)

Anderl, S. (2015): Fremde Welten, fremdes Leben. Frankfurter Allgemeine Zeitung 27,05.2015, Nr. 120, S. N 2

Barbour, Ian G. (2003): Wissenschaft und Glaube. Göttingen (Vandenhoeck & Ruprecht)

Bartelborth, T. (1996): Begründungsstrategien. Ein Weg durch die analytische Erkenntnistheorie. Berlin (Akademie-Verlag)

Barth, K. (1922): Der Römerbrief (Zweite Fassung). TVZ (Theologischer Verlag Zürich)

Barth, U. (2004): Aufgeklärter Protestantismus. Tübingen (Mohr Siebeck), darin: Die Religionstheorie der ‚Reden'. Schleiermachers theologisches Modernisierungsprogramm, S. 259-289

Barth, U. (2005): Friedrich Schleiermacher (1768 - 1834). In: Graf, F.W. (2005) (Hrsg.): Klassiker der Theologie. München (Beck), S. 58 - 88

Barth, U. et al. (Hrsg.)(2013): Aufgeklärte Religion und ihre Probleme. Berlin/ Boston (de Gruyter)

Barth, U. (2013): Religion in der europäischen Aufklärung. In: ders. et al.(2013) (Hrsg.): Aufgeklärte Religion und ihre Probleme. Berlin/Boston (de Gruyter), S. 91-112

Bartley, W.W. (1964): Flucht ins Engagement. München (Szczesny)

Berg, Christian (2002): Theologie im technologischen Zeitalter: Das Werk Ian Barbours zur Verhältnisbestimmung von Theologie zu Naturwissenschaft und Technik. Stuttgart (Kohlhammer)

Berger-Steiner, I. (2008): Das Beweismaß im Privatrecht. Bern (Stämpfli-Verlag)

Bering, J. (2010): Die Erfindung Gottes. München, Zürich (Piper)

Birkner, H.J. (1976): „Liberale Theologie". In: Schmidt, M./Schwaiger, G. (Hg.) (1976): Kirchen und Liberalismus im 19. Jh. Göttingen (Vandenhoeck & Ruprecht), S. 33 - 42

Böckelmann, F. (Hrsg.) (1969): Die Schriften zu J.G.Fichtes Atheismus-Streit. München (Rogner & Bernhard)

Böttigheimer, Chr. (2012): Glauben verstehen. Freiburg (Herder)

Bonhoeffer, D. (Habilitationsschrift 1931) (hrsg. von Hans-Richard Reuter, 1988): Akt und Sein. Transzendentalphilosophie und Ontologie in der systematischen Theologie. München (Chr. Kaiser Verlag)

Bonhoeffer, D. (16.7.1944) in Bethge, E. (Hrsg.) (1990): Widerstand und Ergebung: Briefe und Aufzeichnungen aus der Haft. München (Kaiser)

Borzeszkowski, H.-H. & Wahsner, R. (1980): Newton und Voltaire. Berlin (Akademie-Verlag)

Brose, H.-G. (2008): Das Gleichzeitige ist ungleichzeitig. Über den Umgang mit einer Paradoxie und die Transformation der Zeit. In: Soeffner, H.G. (Hrsg.): Unsichere Zeiten. Herausforderungen gesellschaftlicher Transformationen. Verhandlungen des 34. Kongresses der Deutschen Gesellschaft für Soziologie in Jena 2008. (VS Verlag)

Brugger, W. (1980): Der dialektische Materialismus und die Frage nach Gott. München (Berchmans Verlag)

Buggle, F. (1992): Denn sie wissen nicht, was sie glauben. Reinbek (Rowohlt)

Bultmann, R. (1941) (Nachdruck 1985): Neues Testament und Mythologie. Das Problem der Entmythologisierung der neutestamentlichen Verkündigung. München (Chr. Kaiser Verlag)

Camus, A. (1942) (dt. 2000): Der Mythos des Sisyphos. Reinbek (Rowohlt)

Cassirer, E. (1932; 2007): Die Philosophie der Aufklärung. Hamburg (Meiner-Verlag)

Ceynowa, K. (1993): Zwischen Pragmatismus und Fiktionalismus: Hans Vaihingers „Philosophie des Als-Ob". Würzburg (Königshausen & Neumann)

Clement, H. (2012): Wilhelm Weischedels skeptische Philosophie. Eine Einführung. Darmstadt (wBG)

Conzemius, V. (1991): Art. Liberaler Katholizismus. Theologische Realenzyklopädie 21 (1991), S. 68 - 73

Czermak, G. (2014): Problemfall Religion. Ein Kompendium der Religions- und Kirchenkritik. Marburg (Tectum)

Dawkins, R. (2007): Der Gotteswahn. Berlin (Ullstein)

Degenkolbe, G. (1965): Über logische Struktur und gesellschaftliche Funktionen von Leerformeln. Kölner Zeitschrift für Soziologie und Sozialpsychologie 17, 1965, S. 327 - 338

Dennett, D.C. (2006) (dt.2016): Den Bann brechen. Religion als natürliches Phänomen. Frankfurt (suhrkamp)

Descartes, R. (1641), Gäbe, L. (Hrsg.) (1960): Meditationen über die Grundlagen der Philosophie. Hamburg (Meiner)

Dethlefs, G.: Der Friedenssaal im Rathaus zu Münster. In: Kaster, K.G. & Steinwascher, G. (Hrsg.) (1996): ...zu einem stets währenden Gedächtnis. Bramsche (Rasch-Verlag), S. 39-65

Dihle, A. (1962): Die Goldene Regel. Göttingen (Vandenhoeck & Ruprecht)

Draper, J.W. (1875): Geschichte der Conflicte zwischen Religion und Wissenschaft. Leipzig (Brockhaus)

Dworkin, R. (2013): Religion ohne Gott. Frankfurt (Suhrkamp)

Ehlen, P. (1961): Der Atheismus im dialektischen Materialismus. Müchen (Pustet)

Einstein, A. (1934), Seelig, C.(Hrsg.) (1966): Albert Einstein. Mein Weltbild. Frankfurt/Berlin (Ullstein)

Fassbender, B. (2009): Menschenrechtserklärung. Munich (european law publishers)

Feuerbach, L. (1849)(1969): Das Wesen des Christentums. Stuttgart (Reclam Nr. 4571)

Fichte, J.G. (1798 bzw. 1969): Über den Grund unseres Glaubens an eine göttliche Weltordnung. In: Böckelmann, F. (Hrsg.) (1969): J.G. Fichtes Atheismus-Streit. München (Rogner & Bernhard), S. 27 – 39

Fischer, K.P. (2002): Gott als das Geheimnis des Menschen. In: Vorgrimler, H.: Karl Rahner verstehen. Eine Einführung. Kevelaer, S. 26 – 41

Fingernagel, A. (Hrsg.) (2018): Juden, Christen und Muslime im Dialog der Wissenschaften 500 – 1500. Katalog der Ausstellung im Martin-Gropius-Bau, Berlin vom 9.12.2017 – 4.3.2018, darin: Gastgeber, Chr., Astronomie und Astrologie im Mittelalter zwischen den Kulturen, S. 178 - 212

Flasch, K. (2015): Warum ich kein Christ bin. München (Beck)

Flasch, K. (2004): Eva und Adam. Wandlungen eines Mythos. München (Beck)

Forberg, F.K. (1798): Entwickelung des Begriffes des Religion. In Bökelmann, F. (Hrsg.) (1969): J.G.Fichtes Atheismus-Streit. München (Rogner & Bernhard), S. 43 – 58

Freud, S. (1956 bzw. 1983): Totem und Tabu. Frankfurt (Fischer)

Geißler, H. (2015): Was müßte Luther heute sagen? Berlin (Ullstein)

Gert, B. (1983): Die moralischen Regeln. Frankfurt (suhrkamp

Geus, A. (2015): Die Botschaft des Kalifen. Marburg (Basilisken-Presse)

Glatz, U. (2010): Religion und Frömmigkeit bei Friedrich Schleiermacher - Theorie der Glaubenskonstitution. Stuttgart (Kohlhammer)

Gollwitzer, H. (1967): Die marxistische Religionskritik und der christliche Glaube. München/Hamburg (Siebenstern)

Grabowski, S. (2007): Die Magie der Kirche. Mystischer, magischer und spiritueller Gehalt christlicher Rituale. Darmstadt (Schirner)

Gräb, W. (2009): Was bedeutet liberales Christentum im 21. Jahrhundert? In: Zager, W. (Hg.): Liberales Christentum. Perspektiven für das 21. Jahrhundert. Neukirchen-Vluyn (Neukirchener Verlag), S. 1 – 17

Graf, F.W. (1993): Liberale Theologie. Eine Ortsbestimmung. Gütersloh (Gütersloher Verlagshaus)

Grüter, T. (2010): Magisches Denken. Wie es entsteht und wie es uns beeinflusst. Frankfurt (Scherz-Verlag)

Habermas, J. (1981): Theorie des kommunikativen Handelns. Frankfurt (suhrkamp)

Habermas, J. (1983): Moralbewußtsein und kommunikatives Handeln. Frankfurt (suhrkamp)

Harris, S. (2007): Das Ende des Glaubens. Winterthur (Edition Spuren)

Harris, S. (2008): Brief an ein christliches Land. München (Bertelsmann)

Haudel, M. (2015): Gotteslehre. Göttingen (Vandenhoeck & Ruprecht)

Hawking, S. & Mlodinow, L. (2010): Der große Entwurf – Eine neue Erklärung des Universums. Reinbek (Rowohlt)

Heidegger, M. (1984): Sein und Zeit. Tübingen (Niemeyer, 15. Aufl.)

Heidegger, M. (1949): Über den Humanismus. Frankfurt (Klostermann)

Heidegger, M. (1946) (1977): Holzwege. Frankfurt (Klostermann)

Heidegger, M. (1957): Die onto-theo-logische Verfassung der Metaphysik. In ders.: Identität und Differenz, Pfullingen 1957, S. 35-73

Hirsch, E. (1984): Geschichte der neuern evangelischen Theologie. Münster (Antiquariat Stenderhoff)

Hitchens, Chr. (2007): Der Herr ist kein Hirte. Wie Religion die Welt vergiftet. München (Blessing)

Hoefeld, F. (1956): Der christliche Existentialismus Gabriel Marcels. Zürich (Zwingli-Verlag)

Hoerster, N. (1985): Glaube und Vernunft. Texte zur Religionsphilosophie. Stuttgart (reclam)

Hoerster, N. (2010): Die Frage nach Gott. München (Beck)

Holmsten, G. (1971): Voltaire. Reinbek (Rowohlt)

Honerkamp, J. (2017): Die Idee der Wissenschaft. Berlin, Heidelberg (Springer)

Hoye, W.J. (1993): Gotteserfahrung? Zürich (Benziger)

Hübner, K. (2006): Irrwege und Wege der Theologie in die Moderne. Augsburg (St. Ulrich)

Hübner, K. (2006): Karl Rahner (1904 – 1984). Ders.: Irrwege und Wege der Theologie in die Moderne., S. 177 - 226

Hume, D. (1757) /Kreimendahl, L. (2000) (Übers., Hrsg.): Die Naturgeschichte der Religion. Hamburg (Meiner)

Hume, D. (1751) /Guth, K.-M. (Hrsg.) (2013): Dialoge über die natürliche Religion. Berlin (Contumax), Sammlung Hofenberg

Jacobs, M. (1991): Art. „Liberale Theologie". Theologische Realenzyklopädie 21 (1991), S. 47 – 68

James, W. (1902) (2014): Die Vielfalt religiöser Erfahrung. Eine Studie über die menschliche Natur. Berlin (Verlag der Weltreligionen im Insel Verlag)

James, W. (1906/07) (1994): Der Pragmatismus. Hamburg (F. Meiner-Verlag)

Jaspers, K. (1955): Vom Ursprung und Ziel der Geschichte. Frankfurt (Fischer)

Jaspers, K (1974): Der philosophische Glaube. München (Pieper)

Jonas, H. (1979): Das Prinzip Verantwortung. Frankfurt (Insel-Verlag)

Jonas, H. (1987): Der Gottesbegriff nach Auschwitz. Frankfurt (suhrkamp)

Kadlec, E. (1976): Realistische Ethik. Berlin (Duncker & Humblot)

Kahl, J. (2011): Weltlicher Humanismus: Eine Philosophie für unsere Zeit. Berlin (Lit-Verlag)

Kahl, J. (2015): Benedikt Spinoza (1632 – 1677). Philosoph von Weltrang und Türöffner der europäischen Aufklärung. Marburg (Verlag Blaues Schloß)

Kamleiter, P. (2016): Der entzauberte Glaube. Marburg (Tectum)

Kant-Werke, herausgg. v. Weischedel, W. (1968), Darmstadt (wb), 10 Bände

Katechismus der Katholischen Kirche (KKK) (2015), Berlin/München/Boston (de Gruyter), Übersetzung der Ausgabe ‚Libreria Editrice Vaticana (2005)

Knapp, M. (2014): Herz und Vernunft – Wissenschaft und Religion. Blaise Pascal und die Moderne. Paderborn (Schöningh)

Kraus, W. & Böhm, O.A.(red.)(2005): Denken mit Immanuel Kant. Zürich (Diogenes)

Krauss, H. (2005): Emanzipatorischer Atheismus als Alternative. In: ders.(Hrsg.): Das Testament des Abbé Meslier. Osnabrück (Hintergrund-Verlag), S. 11 – 56

Küng, H. (1994): Das Christentum. Wesen und Geschichte. München, Zürich (Piper)

Küng, H. (1995): Existiert Gott? Antwort auf die Gottesfrage der Neuzeit. München, Zürich (Piper)

Küng, H. (1990): Das Projekt Weltethos. München, Zürich (Piper)

Küng, H. & Kuschel, K.-J. (Hg.)(1993): Erklärung zum Weltethos. Die Deklaration des Parlaments der Weltreligionen. München, Zürich (Piper)

Kutschera, F. v. (1982): Grundlagen der Ethik. Berlin, New York (de Gruyter)

Lauster, J. (2008): Liberale Theologie. Eine Ermunterung. Neue Zeitschrift für Systematische Theologie und Religionsphilosophie 49 (2008), Heft 3, 291 - 307

Leibniz, G.W. (1710): Essais de Théodicée sur la bonté de Dieu, la liberté de l'homme et l'origine du mal. Übers. u hrsgg. v. Herring, H. (2013), Darmstadt (wb)

Löffler, W. (2007): Gott als die beste Erklärung der Welt: Richard Swinburnes probabilistischer Gottesbeweis. In: Langthaler, R./ Treitler, W. (Hrsg.) (2007): Die Gottesfrage in der europäischen Philosophie und Literatur des 20. Jahrhunderts. Wien/Köln/Weimar (Böhlau), S. 99 – 117

Löwith, K. (1964): Das Verhältnis von Gott, Mensch und Welt in der Metaphysik von Descartes und Kant. Sitzungsberichte der Heidelberger Akademie der Wissenschaften, Phil.-hist. Klasse, 3. Abhandlung. Heidelberg (Winter)

Lohfink, G. (2014): Der neue Atheismus. Eine kritische Auseinandersetzung. Stuttgart (Verlag Katholisches Bibelwerk)

Mackie, J.L. (1985): Das Wunder des Theismus. Argumente für und gegen die Existenz Gottes. Stuttgart (Reclam)

Maiello, C. (2007): Messung und Korrelate von Religiosität. Münster (Waxmann)

Mansour, A. (2016): Generation Allah: Warum wir im Kampf gegen religiösen Extremismus umdenken müssen. Bonn (Bundeszentrale für politische Bildung)

Marina, J.A. (2005): Das Gottesgutachten. Darmstadt (wb)

Marx, K. (1844): Zur Kritik der Hegelschen Rechtsphilosophie. Einleitung. In: Fetscher, I. (1966): Marx/Engels Studienausgabe I. Frankfurt (Fischer), S. 17 – 30

Marx, K. (1859): Zur Kritik der politischen Ökonomie. Vorwort. MEW Band 13 (1971, 7. Aufl.)

Marx, K. (1888): Thesen über Feuerbach. In: Fetscher, I (1966): Marx/Engels Studienausgabe I. Frankfurt (Fischer), S. 139 - 141

Mauthner, F. (2011): Der Atheismus und seine Geschichte im Abendlande. 4 Bände, Aschaffenburg (Alibri), zuerst erschienen in Stuttgart (Deutsche Verlagsanstalt) 1920-1923

Mensching, G. (1955): Toleranz und Wahrheit in der Religion. München/Hamburg (Siebenstern Verlag)

Meurers, J. (1962): Die Frage nach Gott und die Naturwissenschaft. München (Pustet)

Michel, K.-H. (1987): Immanuel Kant und die Frage der Erkennbarkeit Gottes. Wuppertal (Brockhaus)

Minois, G. (2000): Geschichte des Atheismus: von den Anfängen bis zur Gegenwart. Weimar (Böhlau)

Mohr, H. (1995): Natur und Moral. Ethik in der Biologie. Darmstadt (wb)

Monod, Ch. (1970): Zufall und Notwendigkeit. München (dtv, 1975)

Mortensen, V. (1995): Theologie und Naturwissenschaft. Gütersloh (Chr. Kaiser/Gütersloher Verlagshaus)

Nell, E.L. (1983): Wahrscheinlichkeitsurteile in juristischen Entscheidungen. Berlin (Duncker & Humblot)

Neuenschwander, U. (1977): Gott im neuzeitlichen Denken. 2 Bde. Gütersloh (Gütersloher Verlagshaus), GTB Siebenstern

Neumann, P. (2013): Radikalisierung, Deradikalisierung und Extremismus. Aus Politik und Zeitgeschichte (APuZ), Jg. 63, Heft 29, S. 3 – 10 – Bundeszentrale Politische Bildung

Nietzsche, F. (),Die Fröhliche Wissenschaft. In: Schlechta, K. (Hrsg.)(1980): Friedrich Nietzsche – Werke II, S. 281 ff., Nr. 125 (S. 400-402)

Onfray, M. (2006): Wir brauchen keinen Gott. Warum man jetzt Atheist sein muss. München (Piper)

Oschmann, W. (2016): Evolution der Erde. Bern (Haupt). UTB-Band-Nr.: 4401

Oser, F. & Gmünder, P. (1988): Der Mensch – Stufen seiner religiösen Entwicklung: ein strukturgenetischer Ansatz. Gütersloh (Gütersloher Verlagshaus)

Oser, F., Reich, H.K. & Bucher, A.A. (1994): Development of belief and unbelief in childhood and adolescence. In: Corveleyn, J. & Hutsebaut, D. (eds.): Belief and unbelief: psychological perspectives (pp. 39 – 62). Amsterdam (Rodopi B.V.)

Ossadnik, F. (2011): Spinoza und der „wissenschaftliche Atheismus" des 21. Jahrhunderts. Weimar (Verlag und Datenbank für Geisteswissenschaften)

Otto, R. (1917)(1979): Das Heilige. München (Beck)

Ourghi, A.-H. (2017): Reform des Islam – 40 Thesen. München (Claudius-Verlag)

Pannenberg, W. (1973): Wissenschaftstheorie und Theologie. Frankfurt (suhrkamp)

Pascal, Blaise (1623 - 1662): Pensées. Armogathe, J.-R. (Hrsg.), Kunzmann, U. (Übers.) (1987): Gedanken über die Religion und einige andere Themen. Stuttgart (reclam, Nr. 1622)

Peirce, Ch.S. (1878): How to make our ideas clear.

Philippidis, L. J. (1929): Die „Goldene Regel" religionsgeschichtlich untersucht. Leipzig (diss.)

Phillips, L. D. (1973): Bayesian statistics for social scientists. London (Nelson & Sons)

Pieper, A. (Hrsg.) (1992): Geschichte der neueren Ethik. 2 Bde. Tübingen/Basel (Francke)

Popper, K. (1940), (abgedruckt 1972): Was ist Dialektik? In: Topitsch, E. (1972): Logik der Sozialwissenschaften. Köln (Kiepenheuer & Witsch), S. 262 – 290

Raffelt, A. (1990) (Hrsg.): Blaise Pascal. Die Mitte. Betrachtungen über den Menschen und Christus. Mainz (M. Grünewald-Verlag) (Topos-Taschenbuch, Nr. 198)

Rahner, K. (1984): Grundkurs des Glaubens. Freiburg (Herder)

Ratschow, Carl Heinz (Hrsg.) (198 0): Ethik der Religionen. Ein Handbuch. Stuttgart u.a. (Kohlhammer)

Riesebrodt, M. (2013): Religion zwischen Aufgeklärtheit und Aufklärungsresistenz. In: Barth et al.(Hrsg.) (2013), S. 3-25

Roth, G. (2015): Wie das Gehirn die Seele macht. Stuttgart (Klett-Cotta)

Rothgangel, M. et al. (2015): Kleiner Evangelischer Erwachsenenkatechismus. Gütersloh (Gütersloher Verlagshaus)

Ruddies, H. (1993): Liberale Theologie. Zur Dialektik eines komplexen Begriffs. In: Graf, F.W. (Hrsg.) (1993): Liberale Theologie. Eine Ortsbestimmung. Gütersloh, S. 176 - 203

Safranski, R. (2013, 8. Aufl.): Ein Meister aus Deutschland. Heidegger und seine Zeit. Frankfurt (Fischer)

Sartre, J.P. (1946) (dt. 2016): Der Existentialismus ist ein Humanismus. Reinbek (Rowohlt)

Schäfer, L. (1974): Pascal und Descartes als methodologische Antipoden. Philosophisches Jahrbuch 81, 1974, S. 314 - 340

Schleiermacher, F.(11830/31)/Schäfer, R. (Hrsg.)(2003): Der christliche Glaube nach den Grundsätzen der evangelischen Kirche im Zusammenhange dargestellt. Berlin, N.Y. (de Gruyter)

Schmied-Knittel, I. (2012): Nahtod-Erfahrungen. In: Schetsche, M., Krebber, K. (Hrsg.) (2012): Grenzpatrouillen. Berlin (Logos-Verlag), S. 69 - 84

Schmidt-Salomon, M. (2006): Manifest des evolutionären Humanismus. Plädoyer für eine zeitgemäße Leitkultur. Aschaffenburg (Alibri)

Schmidt-Salomon, M. (o.J.): Der Heiligenschein des Jammertals. Religionskritik und „implizite Religion“ bei Hegel, Feuerbach und Marx. Internet, Home

Schnädelbach, H. (2007): Der fromme Atheist. Neue Rundschau 118, 2007, S. 112-119. hier: ders. (2009): Religion in der modernen Welt. Frankfurt (Fischer), S. 78 - 85

Schopenhauer, A. (1851), (1986): Parerga und Paralipomena II. Kptl. 15 „Über Religion.“ Sämtliche Werke, Band V, S. 382 – 466

Schopenhauer, A. (1840) (1986): Preisschrift über die Grundlage der Moral. In: Sämtliche Werke, Kleinere Schriften, Band III, S. 629 - 815

Schröder, M. (1996): Die kritische Identität des neuzeitlichen Christentums: Schleiermachers Wesensbestimmung der christlichen Religion. Tübingen (Mohr)

Schröder, W. (Hrsg.) (2013): Gestalten des Deismus in Europa. Wiesbaden (Harrassowitz)

Schröder W.: Der Deismus in der Philosophie der Neuzeit. In: ders. (2013), S. 7 – 27

Schulz von Thun, F. (1981): Miteinander reden: Störungen und Klärungen. Reinbek (Rowohlt)

Schweitzer, A. (1906), (1984): Geschichte der Leben-Jesu-Forschung. Tübingen (UTB 1302)

Schweizer, M. (2015): Beweiswürdigung und Beweismaß. Rationalität und Intuition. Tübingen (Mohr Siebeck)

Schetsche, M., Krebber, K. (Hrsg.) (2012): Grenzpatrouillen. Sozialwissenschaftliche Forschung zu außergewöhnlichen Erfahrungen und Phänomenen. Berlin (Logos-Verlag)

Siebenrock, R.A. (2005): Karl Rahner SJ. In: Graf, F.W. (Hg.): Klassiker der Theologie, Band 2, München (Beck), S. 289 - 310

Simek, R. (1992): Erde und Kosmos im Mittelalter: Das Weltbild vor Kolumbus. München (Beck)

Sölle, D. (1968)(1983): Atheistisch an Gott glauben. München (dtv)

Spinoza, Baruch de (1677), Bartuschat, W. (Hrsg.) (1999): Ethik in geometrischer Ordnung dargestellt. Werke in drei Bänden. Band 1. Hamburg (F. Meiner Verlag)

Spinoza, Baruch de (1670), Bartuschat, W. (Hrsg.) (2006): Baruch de Spinoza. Werke in drei Bänden. Theologisch-politischer Traktat, Band 2. Hamburg (F. Meiner Verlag)

Swinburne, Richard (1987): Die Existenz Gottes. Stuttgart (reclam)

Thurnher, R. (2011): Heideggers Distanzierung von der metaphysisch geprägten Theologie und Gottesvorstellung. In: Fischer, N./von Herrmann, F.-W. (Hrsg.): Die Gottesfrage im Denken Martin Heideggers. Hamburg (Meiner-Verlag), S. 175 - 194

Tillich, P. in: Baumotte, M. (Hrsg.) (1980): Tillich-Auswahl. Band 1, Das Neue Sein. Band 2, Die Zweideutigkeit des Lebens. Band 3, Der Sinn der Geschichte. Gütersloh (Gütersloher Verlagshaus Mohn)

Topitsch, E. (1972): Vom Ursprung und Ende der Metaphysik. München (dtv) (ursprünglich Wien, Springer-Verlag, Wien 1958)

Topitsch, E. (1960): Über Leerformeln. In: ders.: Probleme der Wissenschaftstheorie. Wien (Springer-Verlag), S. 233 - 264

Topitsch, E. (1988): Erkenntnis und Illusion. Tübingen (Mohr)

Unwin, S. D. (2003): Die Wahrscheinlichkeit der Existenz Gottes. Hamburg (discorsi)

Utsch, M. (1998): Religionspsychologie. Stuttgart (Kohlhammer)

Vaihinger, H. (1911): Die Philosophie des Als-Ob.

Verplaetse, Jan (2011): Der moralische Instinkt. Über den natürlichen Ursprung unserer Moral. Göttingen (Vandenoek & Ruprecht)

Vidino, Lorenzo (2013): Deradikalisierung durch gezielte Intervention. Aus Politik und Zeitgeschehen (APuZ), Jg. 63, Heft 29, S. 25-32 – (BpB)

Voltaire, F.-M. (Ausgabe 1978): Sämtliche Romane und Erzählungen. Darin: Candide oder der Optimismus (1759). Insel-Taschenbuch (it 209), S. 283 – 390

Voltaire (1759) (Ausgabe 1971): Candide oder Die beste aller Welten. Reclam Nr. 6549

Voltaire (1769): Á l'auteur du livre des trois imposteurs. Oeuvres complètes de Voltaire, Garnier, 1877, tome 10 (pp. 402-405), Épitre 104

Walter, R. (2016): Erdgeschichte. Die Geschichte der Kontinente, der Ozeane und des Lebens. Suttgart (Schweizerbart), 7. Auflage (1. Auflage 1972)

Watzlawick, P./Beavin, J.H./Jackson, D.D. (1969): Menschliche Kommunikation. Bern (Huber)

Wehler, J. (2007): Grundriss eines rationalen Weltbildes. Aschaffenburg (Alibri)

Weinrich, M. (2001): Frommer Rationalismus. Das paradoxe Bekenntnis des christlichen Fundamentalismus zur Moderne. In: Welttrends. Zeitschrift für internationale Politik und vergleichende Studien, nr. 30, 2001, S. 49-61

Weinrich , M. (2012): Religion und Religionskritik. Ein Arbeitsbuch. Göttingen (Vandenhoeck & Ruprecht)

Weischedel, W. (1971/1972; 1983, 5.Aufl.): Der Gott der Philosophen. Darmstadt (wBG)

Weischedel, W. (1975): Die philosophische Hintertreppe. München (dtv)

Wilber, K. (1998, dt. 2010): Naturwissenschaft und Religion. Frankfurt (Fischer)

Wilhelm, R. (Red.) (1967): Kungfutse Gespräche (Lun Yü). Düsseldorf/Köln (Diederichs)

Zager, W. (2004): Liberale Exegese des Neuen Testaments. Neukirchen-Vluyn (Neukirchener Verlag)

Zahrnt, H. (1966): Die Sache mit Gott. Die protestantische Theologie im 20. Jahrhundert. München (Piper)

Zahrnt, H. /1977). Warum ich glaube. München (Piper)

Zinser, H. (1997): Die Macht der Religionen. München (Fink)

Bildnachweis

Titelbild: „Dio Padre benedicente“ von Luca Cambiaso (Öl auf Holz, ca. 1565, Museo Diocesano Genova); (Wikimedia Commons, Foto Sailko, gemeinfrei, unverändert übernommen)

Abb. 1: Paul Gauguin, Tahiti 1897: Woher kommen wir? Wer sind wir? Wohin gehen wir? (Photography © Museum of Fine Arts, Boston)

Abb. 2: Francisco de Goya, Der Schlaf der Vernunft produziert Monster, Radierung ca. 1797/98, Capricho Nr. 43, Madrid, Wikimedia Commons (Public domain)

Abb. 3: Plakette der Voyager-Sonden 1 und 2 (Quelle: NASA, public domain)

Abb. 4: Bild des Planeten Erde (Quelle: NASA, public domain)

Abb. 5: Die Erde als winziger hellblauer Planet (Pale Blue Dot) (aufgenommen am 14.02.1990 von Voyager 1 aus 6,4 Milliarden km Entfernung) (Quelle: NASA, public domain)

Abb. 6: Rathaus Münster, Friedenssaal, Relief/Beschlagwerk an einer Schranktür, „Die Streitenden“. Foto: © LWL-Medienzentrum für Westfalen

Abb. 7: Lebenstreppe, anonym bei F. Campe, 1. Hälfte des 19. Jhs., Nürnberg (gemeinfrei)

Von Erde kommen wir
Erde sind wir
Zu Erde kehren wir zurück

Zeitfracht Medien GmbH
Ferdinand-Jühlke-Straße 7
99095 Erfurt, Deutschland
produktsicherheit@kolibri360.de